Arbeitsheft

mit Lösungen

Zentrale Klausur 2021

Einführungsphase gymnasiale Oberstufe

Nordrhein-Westfalen

Texte, Themen und Strukturen

Deutschbuch für die Oberstufe

Herausgegeben von
Andrea Wagener

Erarbeitet von
Christoph Fischer

Cornelsen

Mit den im Heft abgedruckten Lösungen können Sie Ihre Ergebnisse selbst überprüfen.

Einführung: Wie Sie mit diesem Trainingsheft arbeiten können

Liebe Schülerin, lieber Schüler,

am 20. Mai 2021 zur ersten Unterrichtsstunde ist es so weit: Sie werden die zentrale Klausur Deutsch am Ende der Einführungsphase schreiben. Mit dem vorliegenden Trainingsheft können Sie sich zeitnah und zuverlässig vorbereiten. Dazu wiederholen, üben und vertiefen Sie alle den Vorgaben des Schulministeriums entsprechenden Lerninhalte und Kompetenzen, die Sie für eine erfolgreiche Teilnahme an der zentralen Klausur benötigen.

Was erwartet Sie in der Prüfung?

Vorgaben des Ministerium für Schule und Bildung des Landes NRW
Bezug zu den Inhaltsfeldern, inhaltlichen Schwerpunkten und Aufgabenarten des Kernlehrplans:

Inhaltsfeld 1	Inhaltlicher Schwerpunkt	Aufgabenart
Sprache	Digitale Medien und ihr Einfluss auf Kommunikation	IV: Materialgestütztes Verfassen eines Textes mit fachspezifischem Bezug

Weitere Informationen finden Sie unter:
https://www.standardsicherung.schulministerium.nrw.de/cms/zentrale-klausuren-s-ii/faecher/

Für die zentrale Klausur Deutsch gelten also folgende Rahmenbedingungen:
- Sie bekommen in der Prüfung **verschiedene Informationsquellen** (z. B. Sachtexte, grafische Darstellungen und Bildmaterial), die Sie auswerten. Auf dieser Grundlage scheiben Sie einen **informierenden Text**, der vor allem **erklärenden oder** vor allem **argumentativen** Charakter haben kann.
- Sie werden für die Bearbeitung der Klausur **100 Minuten** (1 Stunde und 40 Minuten) Zeit haben.

Tipp **Zeitmanagement** ⏱

100 Minuten sind nicht lang. Es ist daher wichtig, dass Sie beim Schreiben der Klausur strukturiert und zeitökonomisch vorgehen:
- Unterstreichen Sie **wesentliche Aspekte der Aufgabenstellung**. Auf dieser Grundlage **werten Sie die Informationsquellen gezielt aus** und machen sich klar, welches **Textformat**, welche **Adressaten** und welche **Handlungsziele** Sie beim Schreiben berücksichtigen müssen.
- Erstellen Sie einen **Schreibplan** (► S. 22) und/oder eine **Checkliste** (► S. 25) und haken Sie hier die Aspekte ab, die Sie bearbeitet haben.
- Versuchen Sie, für die einzelnen Arbeitsphasen in etwa folgende Zeiten einzuhalten: **30 Minuten:** Aufgabenstellung verstehen, Informationsquellen gezielt auswerten, markieren – **20 Minuten:** Erstellen eines Schreibplans – **40 Minuten:** Schreiben des eigenen Textes – **10 Minuten:** Überarbeitung und Korrektur.
- Schreiben Sie vorher eine **Übungsklausur** unter „Echtzeitbedingungen" (z. B. eine aus diesem Arbeitsheft). Prüfen Sie, warum Ihnen gegebenenfalls an einigen Stellen Zeit fehlt.

Wie Sie mit dem Trainer arbeiten können

Grundlagenwissen: In Kapitel 1 informieren Sie sich über Aspekte digitaler Medien und deren Einfluss auf Kommunikation und vertiefen das erworbene Wissen in Übungen. Diese Inhalte bieten die Grundlage für die folgenden Kapitel.
Übungsklausuren mit Lösungshinweisen: In Kapitel 2 und 3 führen wir Sie Schritt für Schritt durch die Bearbeitung von zwei Klausuren. In verschiedenen Übungen trainieren Sie
- die Aufgabenstellung zu verstehen,
- ein erstes Textverständnis und Ideen zu formulieren,
- die Materialien gezielt zu lesen,
- einen Schreibplan zu erstellen und den eigenen Text zu schreiben sowie
- den eigenen Text zu überarbeiten.

Umschlagtexte: Hier können Sie sich in knapper Form über grundlegende Vorgehensweisen informieren, wie z. B. über die Schrittfolge bei der Bearbeitung der Aufgabenstellung oder das treffende Formulieren mit Hilfe von Ergänzungs- oder Ersatzproben.

Wir wünschen Ihnen viel Erfolg!

1 Grundlagen: Digitale Medien und ihr Einfluss auf die Kommunikation

1.1 Die Kommunikation im Wandel der Zeit

Info **Die Kommunikation im Wandel der Zeit**

Kommunikation und die Möglichkeiten zur Kommunikation haben sich im Laufe der Zeit rasant verändert: Fand die sprachliche Kommunikation früher in der Interaktion mit einem Gegenüber *(Face-to-Face)* statt, entwickelten sich mit den technischen Errungenschaften wie dem Internet **digitale Medien**, die die klassische Kommunikation durch neue **digitale Kanäle** ergänzen. Vor allem das **Smartphone** revolutionierte die Art und Weise, wie Menschen miteinander in Kontakt treten.

Die **digitale Kommunikation** zeichnet sich durch eine **Unabhängigkeit von Ort, Zeit und Raum** aus:

- Es werden nur **rein inhaltliche, sprachliche** Signale übermittelt. Nonverbale Zeichen und Emotionen müssen textualisiert und als Emoji ausgedrückt werden, wenn nicht über einen visuellen Kommunikationskanal (Video-Telefonie) kommuniziert wird.
- Die digitale Kommunikation kann sowohl **synchron** (ohne Zeitverzögerung, **Instant-Messenger**, z. B. Chat) als auch **asynchron** (mit Zeitverzögerung, z. B. E-Mail) verlaufen.
- Die Kommunikationspartner/-innen können von **unterschiedlichen geografischen Orten** kommunizieren.
- **Digitalisierung:** Da Online-Kommunikation auf digitalisierten Prozessen beruht, kann diese abgespeichert, archiviert und weiterverwendet werden.
- **Dauerkontakt:** Der Kontakt zwischen den Gesprächspartner/-innen kann immer wieder aufgenommen und fortgesetzt werden. Es gibt – im Gegensatz zum herkömmlichen Gespräch – keinen klar bestimmbaren Anfang oder ein Ende.

1 Ergänzen Sie die nachfolgende Mindmap und erklären Sie, wie in den digitalen Kommunikationskanälen jeweils kommuniziert wird.

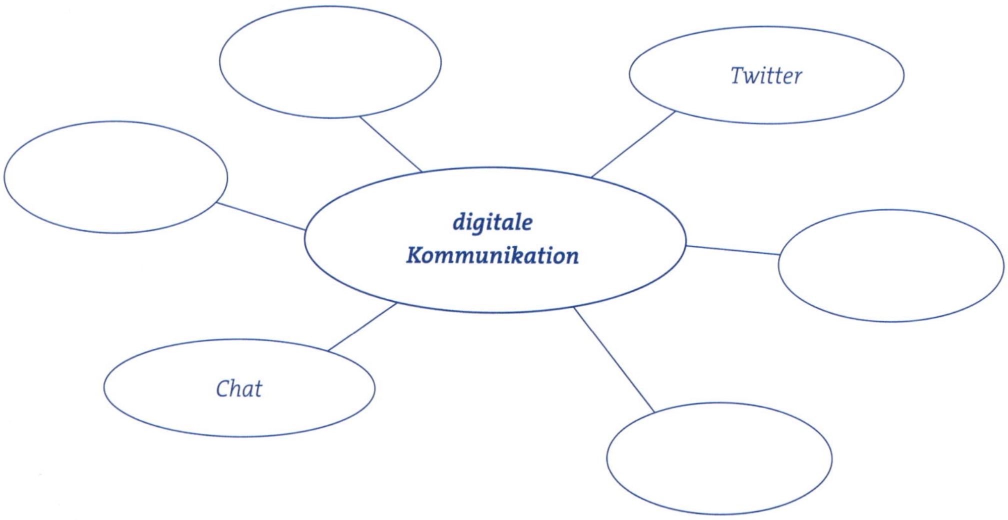

Chat: Die Interaktionspartner/-innen kommunizieren direkt innerhalb eines Chatportals miteinander.

Twitter: ____________________

____

____

____

____

2 Informieren Sie sich über die besonderen Eigenschaften der digitalen Kommunikation (► Info S. 4). Notieren Sie die positiven Aspekte und ergänzen Sie weitere Vorteile.

3 Halten Sie schriftlich fest, welchen Herausforderungen sich die Teilnehmer/-innen innerhalb einer Online-Kommunikationssituation stellen müssen.

Da die Kommunikationspartner/-innen körperlich nicht anwesend sind, können Gefühle und Stimmungen ...

4 Untersuchen Sie den folgenden Comic und erläutern Sie die dort anklingende Kritik bezüglich der digitalen Kommunikation.

1.2 Die Kommunikation in sozialen Netzwerken

Info **Die Kommunikation in sozialen Netzwerken**

Soziale Netzwerke *(social network)* sind für Jugendliche beliebte Kommunikationskanäle. In diesen Netzwerken erstellen Nutzer/-innen *(User)* **Profile**, bauen Kontakte *(Follower)* auf und verbinden sich untereinander. So entstehen individuelle Netzwerke, in denen die jeweilige Gemeinschaft *(Community)* miteinander kommuniziert. Je nach Netzwerk gibt es **unterschiedliche Wege der Kommunikation**, z. B. ein **Chat**, **Statusberichte** (kurze Meldungen/Botschaften/Bilder an das eigene Netzwerk), **Mitteilungen** – was gefällt oder nicht *(Like/Dislike)*. Zudem können sich **Gruppen zusammenfinden**, in denen eine Konversation geführt werden kann. Stand den Nutzer/-innen zu Beginn der sozialen Netzwerke lediglich die textbasierte Kommunikation zur Verfügung, werden **zunehmend Bilder, Videos und Sprachnachrichten** verwendet. Im Gegensatz zur klassischen Face-to-Face-Kommunikation sind soziale Netzwerke **öffentlich** angelegt. Beiträge können an eine größere Gemeinschaft kommuniziert werden, wenn dies nicht durch **Einstellungen zur Privatsphäre** verhindert wird.

Die einzelnen sozialen Medien setzen bei den Kommunikationskanälen **verschiedene Schwerpunkte**:

- **WhatsApp/Signal/Telegram:** Nachrichtenkanäle, in denen User sowohl in **Einzel- als auch in Gruppenchats** kommunizieren.
- **Facebook:** eine Profilplattform, bei der User **Bilder/Videos/Posts** veröffentlichen und miteinander **chatten**,
- **Twitter:** ein Nachrichtenkanal zum Versenden von **telegrammartigen Nachrichten** *(Tweets)*,
- **Snapchat:** eine Bildplattform, bei der **Bilder/Videos** der Community nur für eine **bestimmte Dauer** präsentiert werden,
- **Instagram:** eine Bildplattform, bei der User **Bilder/Videos** hochladen und liken/kommentieren.

Während sich die sozialen Netzwerke anfangs durch die einzelnen Schwerpunkte deutlich voneinander unterschieden, ist heute eine zunehmende **Vermischung** dieser Schwerpunkte zu beobachten. So bietet beispielsweise auch WhatsApp die Funktion an, einen Statusbericht per Foto zu posten.

1 a Ergänzen Sie die folgende Tabelle.
b Notieren Sie ein weiteres soziales Netzwerk, das Sie in Ihrem Alltag nutzen.

Soziales Netzwerk	Schwerpunkt/Funktionen	Art der Kommunikation
	Chat-Funktionen *Status-Meldung (Bild-Upload)*	*Einzelchat: dialogische Kommunikation* *Gruppenchat: Gruppenkommunikation* *Statusmeldung: öffentliche Kommunikation*
Facebook		
Twitter		
Instagram		
...		

2 Untersuchen Sie die nebenstehende Abbildung eines sozialen Netzwerkes.

a Notieren Sie, wer diesen Post erstellt hat und an wen sich der Post richten könnte. Begründen Sie Ihre Meinung.

b Analysieren Sie die Textelemente des Posts genauer und notieren Sie, was damit kommuniziert werden soll. Gehen Sie dabei besonders auf die Hashtags (▶ Info) ein.

c Erörtern Sie, mit welcher Absicht User bekannte Hashtags wie #love, *#picoftheday* oder *#instagood* verwenden. Nutzen Sie hierzu auch das Wissen aus dem Informationskasten.

Info **Hashtags**

Ein **Hashtag** wird meist aus einem Wort oder einer Wortfolge gebildet, dem ein Rauten-Symbol *(#)* vorangestellt ist. Das Wort fungiert als **Schlagwort** und verlinkt auf Themen und Inhalte. Mithilfe des Hashtags ist der Post in sozialen Netzwerken auffindbar. Je bekannter der Hashtag, umso größer ist die **Reichweite** des Posts. Mit einem Hashtag können **Absichten eines Posts genauer definiert werden**, indem die Hashtags Stimmungen ergänzen.

d Beurteilen Sie, welche möglichen Konsequenzen die vorwiegend visuelle Kommunikation (Verwendung von Bildern) in sozialen Netzwerken auf die Sprachverwendung der User haben könnte.

In digitalen Medien werden zunehmend mehr ...

1.3 Der Einfluss der digitalen Kommunikation auf die Sprache

Info **Der Einfluss der digitalen Kommunikation auf die Sprache**

Die Kommunikation in digitalen Medien findet meist textbasiert statt. Dabei nutzen die User häufig eine **typische Netzsprache**, die sich durch folgende Merkmale auszeichnet:

- **Kurzschreibungen**, z. B.: *LG – Liebe Grüße, bro – brother, eine – ne,*
- Kürzungen und **Wortauslassungen** auf syntaktischer Ebene, z. B.: *Krank. Alle Termine abgesagt,*
- Anglizismen, z. B.: *fresh, nice,*
- Kleinschreibung,
- **Simulation von Körpersprache** und Emotionen durch Emoticons oder Emojis.

Typisch für die Sprache in digitalen Medien ist eine **konzeptionelle Mündlichkeit**, das bedeutet, schriftliche Nachrichten lehnen sich an die Mündlichkeit an. In solchen „getippten Gesprächen" finden sich häufiger Wortauslassungen (Ellipsen), umgangssprachliche Wendungen, Gesprächspartikel, z. B.: *Also!*, oder auch Andeutungen, die die Leser/-innen entschlüsseln müssen. Die digitale Kommunikation ist äußerst dynamisch und verändert sich schnell. Auch variiert die Wortwahl je nach der Community.

1 Notieren Sie, welche typischen Merkmale von Netzsprache bzw. konzeptioneller Mündlichkeit Sie in der abgebildeten Kurznachricht finden. Nennen Sie jeweils Beispiele.

2 a Vergleichen Sie die beiden Positionen in den nachfolgenden Texten über den Einfluss der Medien auf die Sprache. Markieren Sie hierzu jeweils Thesen und Argumente.

[...] „Wie wir uns in den sozialen Medien mitteilen, hat eigentlich gar nichts mit dem zu tun, wie wir auf Standarddeutsch schreiben oder reden. Da kann nichts verloren gehen und nichts kaputtgehen", fasst die Expertin Konstanze Marx zusammen – denn es handle sich quasi um zwei Sprachen, die unabhängig voneinander funktionieren. Im Gegenteil, sei es sogar förderlich, wenn Menschen lernten, sich im Internet anders mitzuteilen als beispielsweise in einer formellen Situation im Beruf. [...]

[...] „Die deutsche Sprache wird immer weniger gepflegt", beklagte der Vorsitzende des Rechtschreibrates Hans Zehetmair in einem Gespräch mit der Nachrichtenagentur dpa. Das Deutsche verarme in den neuen Medien zu einer „Recycling-Sprache", werde immer mehr verkürzt und vereinfacht und ohne Kreativität wiedergekäut. Der Sprachverfall betreffe vor allem die junge Generation. Das Vokabular der Jugendlichen sei bei SMS und Twitter generell sehr simpel, die Rechtschreibung fehlerhaft. „Alles ist super, top, geil, aber nicht mehr authentisch", kritisierte Zehetmair. [...]

b Nehmen Sie in Ihrer Kursmappe zu der Frage Stellung, ob die Netzsprache einen negativen oder positiven Einfluss auf die Sprache hat.

1.4 Digitale Kommunikation und Abhängigkeit

Info **Digitale Kommunikation und Abhängigkeit**

Durch die **verdichtete, beschleunigte Kommunikation** entsteht der Eindruck, dass in sozialen Netzwerken ständig Neues geschieht. Der Strom von Informationen kann auf Jugendliche – wie auch auf Erwachsene – den Druck ausüben, immer online sein zu müssen, aus Angst, etwas zu verpassen. Dieses Phänomen wird in der Wissenschaft als **FOMO** *(Fear of missing out)* bezeichnet.

1 Fassen Sie die einzelnen Angaben zur Smartphone-Nutzung von Jugendlichen knapp zusammen.

2 Begründen Sie, welche Folgen das ständige Informieren und Kommunizieren in digitalen Medien haben kann (► Info). Formulieren Sie anschließend einen Lösungsansatz zur Vermeidung einer Informationsüberlastung und des FOMO-Phänomens.

Durch die Möglichkeit, sich per Smartphone jederzeit über Neuigkeiten und Nachrichten informieren zu können, entsteht bei den Nutzer/-innen zum einen der Druck, dass ...

1.5 Interaktivität im Web 2.0

Info **Interaktivität im Web 2.0**

Ein besonderes Merkmal des Web 2.0 ist die **Interaktivität**. Interaktivität bezeichnet einen **wechselseitigen Prozess** und Austausch. Im Unterschied zu den klassischen Massenmedien (Fernsehen, Rundfunk, Zeitung) kann sich jede/-r allein oder in Gruppen *(one-to-one, one-to-many, many-to-many)* **gleichzeitig** oder **zeitversetzt** austauschen. Nutzer/-innen können sowohl Inhalte im Internet produzieren, reproduzieren als auch kommentieren und nehmen dadurch Einfluss auf die Inhalte. Damit Kommunikation gelingt, müssen sich die Nutzer/-innen an Regeln halten, was in den digitalen Medien als **Netiquette** bezeichnet wird.

1 Beschreiben Sie mithilfe der Grafik, wie sich die Interaktivität von digitalen Medien im Laufe der Zeit verändert hat. Gehen Sie dabei auf Merkmale der Interaktivität ein.

2 a Notieren Sie, welche Bedeutung das Kommentieren von Inhalten wie beispielsweise von Online-Artikeln für die Demokratie eines Landes hat.

b Listen Sie in Ihrem Kursheft auf, welche Netiquette-Regeln Sie beim Kommentieren beachten sollten.

3 a Markieren Sie im folgenden Textausschnitt Gründe, warum der Online-Nachrichtenkanal *Deutsche Welle* die Kommentarfunktion abgeschafft hat.

„Wir sind, wie jede Redaktion in Deutschland, verpflichtet, die Kommentare auf unserer Webseite zu prüfen, und können für den Inhalt beleidigender Kommentare haftbar gemacht werden. Die Betreuung der Texte nahm entsprechend viel Zeit in Anspruch und strapazierte das Nervenkostüm der hierfür verantwortlichen Redakteurinnen und Redakteure erheblich. Und es war ein ungleiches Spiel, denn es waren immer dieselben Nutzer, die unter dem Deckmantel eines Alias-Namens unsere Kommentarfunktion für die Absonderung von Hassbotschaften nutzten. Die Anonymität im Netz zog auch bei der Deutschen Welle zunehmend Trolle an."

Ines Pohl, Chefredakteurin Deutsche Welle, deutschewelle.de

b Beurteilen Sie in Ihrem Kursheft, welche Konsequenzen das Deaktivieren für die Nutzer/-innen hat.

1.6 Hate Speech, Shitstorm und Beleidigungen – Hass im Netz

Info **Hate-Speech, Shitstorm, Hasskommentar und Beleidigung**

Die Bedeutung des Begriffs *Hate Speech* ist gesellschaftlich umstritten und juristisch nicht geklärt. Die einen betrachten schon unerwünschte Meinungsäußerungen oder die Verletzung gesellschaftlicher Sprachnormen als Hate Speech, andere wenden den Begriff nur auf abwertende, menschenverachtende und volksverhetzende Sprache und Inhalte an. Werden Kommentare als **Beleidigungen, Verleumdungen** oder **Volksverhetzungen** gewertet, sind sie nach deutschen Gesetzen strafbar.
Meinungsäußerungen und Hate Speech können sich auch in einem Shitstorm entladen: Dieser beschreibt eine Welle von **Kritik bis hin zu Beleidigungen** gegen einzelne Menschen, Personengruppen oder Unternehmen, um diesen langfristig zu schaden. Ursache dafür sind Trolle. Ein Troll ist eine Person, **die Diskussionen im Internet stören möchte**. Ziel ist es, Diskussionen vom Thema abzubringen, indem themenfremde Beiträge geteilt oder durch sehr naiv wirkende Fragen Diskussionen ins Lächerliche gezogen werden.

1 a Untersuchen Sie den nachfolgenden Ausschnitt eines Posts während eines Länderspiels aus einem sozialen Netzwerk. Markieren Sie Textstellen, in denen die Reporterin beleidigt wird.

Kilian A. seit ihr behindert? Wieder eine Frau als kommentator ich schlafe ein Ihr verkakt alles.
Gefällt mir Antworten 6 Min

Flori Mit dieser Frau als Kommentator ist es wie mit dem dementoren bei Harry Potter, man hat das Gefühl man kann nie wieder glücklich werden
Gefällt mir Antworten 4 7 Min

Bibel Cherif WIESO KOMMENTIERT DAS SPIEL EINE FRAU
Gefällt mir Antworten 20 12 Min

Markus K. Wieso nicht?
Gefällt mir Antworten 1 13 Min

MattiFrog Weil ... *(Name entfernt)* sich anhört wie eine Kampflcsbc
Gefällt mir Antworten 1 11 Min

Michi Si Wie kann man nur diese Frau kommentieren lassen
ZDF merkt es einfach nicht
Die wollen cool sein und unsere Kritik ignoieren
Diese schlampe brauch einfach nur ein p******
Gefällt mir Antworten 1 1 Min

Detlev Flack Da bekommt man Ohrenkrebs 😄😄😄
Gefällt mir Antworten 2 19 Min

b Analysieren Sie die Sprache und deren Wirkung in den Textstellen, in denen Beleidigungen stattfinden.

____

c Zu Beleidigungen im Internet trägt der sogenannte „Enthemmungseffekt“ bei. Erörtern Sie, welcher Effekt damit gemeint ist und welche Rolle dabei das Internet spielt.

Neben den Vorteilen der digitalen Kommunikation ...

2 Kreuzen Sie Strategien an, mit denen Sie auf Beleidigungen und *Hate Speech* reagieren können. Begründen Sie Ihre Auswahl schriftlich im Kursheft. Tauschen Sie sich in Partnerarbeit über Ihre Ergebnisse aus.

- ☐ Ich beleidige zurück.
- ☐ Ich dokumentiere den verbalen Hass.
- ☐ Ich mache die Hassrede öffentlich.
- ☐ Ich weise die Person auf ihr Vergehen hin.
- ☐ Ich melde den Vorfall beim Plattformbetreiber.
- ☐ Ich ignoriere den Vorfall einfach.
- ☐ Ich versuche, den „Hater“ vom Gegenteil zu überzeugen.

1.7 Die politische Kommunikation in den digitalen Medien

Info **Die politische Kommunikation in den digitalen Medien**

Soziale Medien bestimmen nicht nur das Privatleben der Nutzer/-innen immer stärker, längst dienen sie auch der **politischen Auseinandersetzung**. Der größte Teil der heutigen politischen Kommunikation ist öffentlich und in den sozialen Netzwerken wird schnell reagiert. Wurden politische Themen früher hauptsächlich durch Massenmedien wie Zeitung, Rundfunk und Fernsehen verbreitet, setzen immer mehr Politiker/-innen auf den Einfluss sozialer Medien und nutzen die **direkte Kommunikation** mit den **Wählerinnen und Wählern**. Beliebte Netzwerke sind neben Facebook und Twitter auch die Plattform YouTube, um sich mit Video-Nachrichten an die Menschen zu wenden. Doch auch andere Personen und Gruppen greifen auf diese Möglichkeiten zurück, um sich an politischen Themen zu beteiligen, z. B. die Bewegung *Fridays for Future*.

1 Notieren Sie, wo Sie sich über politische Themen informieren. Welche Rolle spielen dabei soziale Medien?

2 a Markieren Sie im nachfolgenden Text Gründe, warum Politiker/-innen soziale Netzwerke zur Kommunikation nutzen. Tauschen Sie sich anschließend in Partnerarbeit über Ihre Ergebnisse aus.

[...] Twitter bietet mir die Chance, als „einfacher" Abgeordneter von meiner Arbeit zu berichten – und so wahrgenommen zu werden. [...]
Daher schreibe ich meine Meinung zu aktuellen Fragen, lade zu Veranstaltungen ein und – ja – platziere auch schon einmal das ein oder andere Private. Schließlich sind Politiker Menschen und keine Roboter, das darf auch auf Twitter schon einmal deutlich werden. Das Erstaunliche: Mich sprechen Leute auf Tweets und Facebook-Einträge an, die mir vermeintlich gar nicht folgen. Die Reichweite ist größer, als es scheint. [...] Die thematische Breite muss aber noch wachsen. So lerne ich: Tweets zur Netzpolitik oder zum Atomausstieg werden meist schnell kommentiert und als Retweet weitergeleitet. Andere Themenfelder wie Familien- oder Baupolitik finden schwerer Anklang. [...] Das mag vielleicht der Grund sein, warum manche Kollegen Twitter als langweilig abtun. [...]

Dorothee Bär Staatsministerin für Digitalisierung

b Beurteilen Sie, weshalb manche Themen wie Familien- oder Baupolitik wenig Interesse in sozialen Medien erfahren.

3 a Untersuchen Sie den Tweet des Außenministers Heiko Maas. Notieren Sie, worauf er sich bezieht.

b Beurteilen Sie in Ihrem Kursheft die Absicht dieses Tweets. Beziehen Sie in Ihre Überlegungen auch die Zielgruppe ein.

1.8 Kommunikation und Fakten – Fake News

Info **Fake News**

Bei Fake News (dt. gefälschte Nachrichten) handelt es sich um absichtliche **Falschmeldungen**. Fake News können entstehen, wenn Journalisten nicht gründlich recherchiert haben. Werden Fake News bewusst erstellt, steht dahinter eine **Täuschungsabsicht**, um Personen, Gruppen oder Organisationen Schaden zuzufügen und Meinungen zu manipulieren. Fake News werden erstellt, um durch den häufigen Klick auf die Webseite Geld zu verdienen oder um zu provozieren. Sie sollen bei politischen Themen **aufhetzen und Stimmung machen**, indem sie unter dem Deckmantel einer angeblich seriösen Nachricht Gefühle manipulieren. Problematisch ist, dass sie trotz der falschen Tatsachen über die sozialen Netzwerke immer weiter geteilt, verbreitet und schließlich als wahr akzeptiert werden.

1 Untersuchen Sie die nebenstehende Meldung auf ihren Wahrheitsgehalt. Benennen Sie Aspekte, die Sie an der Echtheit der Meldung zweifeln lassen.

____

____

____

____

____

____

2 Notieren Sie neben den Tipps, weshalb diese für das Erkennen von Fake News notwendig sind.

Skeptisch sein: ______________________________

Nachricht vergleichen: ______________________________

____

Quellen untersuchen: ______________________________

Bilder überprüfen: ______________________________

Aktualität überprüfen: ______________________________

3 Beschreiben Sie mithilfe der Abbildung, wie sich Fake News verbreiten und welche Gefahren damit verbunden sind.

____

____

____

____

____

2 Materialgestütztes Verfassen eines informierenden erklärenden Textes (Aufgabenart IV)

Aufgabenbeispiel

1 Im Rahmen der Projekttage des Deutschunterrichts „Kommunikation im Netz“ haben Sie sich mit Ihrer Gruppe mit dem Thema **Liebeskommunikation im digitalen Zeitalter** beschäftigt. Am Ende der Projekttage soll Ihre Gruppe den Mitschülerinnen und Mitschülern einen schriftlichen Text präsentieren, der über die Arbeitsergebnisse informiert. Der Text soll später auf einer speziell für die Projekttage erstellten Webseite veröffentlicht werden.
Verfassen Sie zu diesem Thema auf Grundlage der Materialien 1 bis 6 und Ihrer Kenntnisse aus dem Unterricht einen Artikel für die Webseite der Schule, in dem Sie
- die Geschichte der Liebeskommunikation beschreiben,
- anhand verschiedener Beispiele die Probleme und Chancen der digitalen Liebeskommunikation erläutern,
- abschließend das Projekt zur Erforschung der Liebeskommunikation vorstellen und einen Vorschlag für eine Teilnahme am Projekt begründen.

M1 Eva Dignös: **Warum der Handychat der Liebe nicht guttut**

„Ich liebe dich“, und dann noch zwei Herzchen – dank Smartphone war es noch nie so leicht, rund um die Uhr mit der oder dem Allerliebsten in Kontakt zu sein. [...] Alles kein Problem mit Messengern wie WhatsApp.
„Früher hat man einen Zettel an den Spiegel geklebt oder eine Nachricht in die Butterbrotdose gelegt, heute schickt man sich solche Nachrichten mit dem Handy“, sagt Jörg Wesner, Diplom-Psychologe und Paartherapeut aus Hamburg. „Das ist zunächst ganz einfach eine gute Möglichkeit, seine Zuneigung zum Ausdruck zu bringen.“ Durch den lieben Gruß weiß der Partner: Ich denke an Dich. Und das fühlt sich gut an.
Trotzdem sorgen die kurzen Nachrichten in vielen Beziehungen für Stress. Wer schreibt, hofft auf schnelle Antwort und ist enttäuscht, wenn der oder die Liebste nicht reagiert. Und der Empfänger ist womöglich genervt, weil gerade die zehnte Herzchen-Botschaft binnen einer Stunde auf dem Sperrbildschirm aufblinkt. „Viele erwarten, dass der Partner permanent für sie verfügbar ist“, hat Paartherapeutin Andrea Bräu aus München beobachtet. Dass beide bei der Online-Kommunikation auf gleicher Wellenlänge funken, sei eher selten: „Die meisten Männer fassen sich kürzer und schreiben weniger Botschaften als Frauen.“ [...] Wenn einer der Partner immer das Gefühl hat, dass seine Botschaften ins Leere laufen oder nicht richtig gewürdigt werden, dann stellt er die Beziehung schneller in Frage.
Denn oft kommt auch Eifersucht ins Spiel. Der Partner antwortet nicht, obwohl die Statusmeldung verrät, dass er online ist. Womöglich kommentiert er stattdessen gerade die neuesten Bilder seiner Ex-Freundin auf Facebook. „Wenn ich eifersüchtig sein will, bekomme ich über die sozialen Netzwerke viel mehr Verdachtsgelegenheiten“, sagt Paartherapeut Wesner. [...] Psychologin Manuela Sirrenberg stellte bei der Auswertung ihrer Befragungen fest: „Menschen mit hohen Eifersuchtswerten lesen Nachrichten anders.“ Sie reagierten misstrauisch auch auf ganz neutral formulierte Botschaften. „Das gilt vor allem für Menschen, die sich in ihrer Beziehung unsicher fühlen.“
Paartherapeutin Andrea Bräu kann das aus ihrer Beratungsarbeit bestätigen. „Eifersucht hat viel mit Selbstbewusstsein zu tun“, sagt sie. Wer eher unsicher sei, den treibe die Sorge um, dass dem Partner andere Menschen wichtiger sind. Zugleich sehne er sich nach möglichst viel Bestätigung. Smartphone-Kommunikation kann dann gleich doppelt misslingen: Die Liebesbotschaft via Smartphone bleibt unbeantwortet, und der Partner hat gleichzeitig womöglich Kontakt mit vermeintlichen Konkurrenten. „Media-

le Kommunikation ist vor allem in unsicheren Beziehungen ein Stressfaktor", resümiert Psychologin Sirrenberg.
„Dem schnellen Chat fehlen wichtige Elemente des Gesprächs von Angesicht zu Angesicht: „Ich kann nicht erkennen, ob der Partner aufmerksam zuhört, ob er etwas nicht verstanden hat oder ob er sich langweilt", sagt Andrea Bräu. [...]
Streiten sollten Paare per Textnachricht auf gar keinen Fall, sagt Jörg Wesner: „Das kann nur schiefgehen, weil der Partner nicht erkennt, in welcher Stimmung der andere seine Kritik äußert." Will er nur anmerken, dass er abends gern in ein anderes Restaurant gehen würde? Oder kocht er vor Wut? Ist die Bemerkung humorvoll-ironisch gemeint – oder bitterernst? Je kürzer die Botschaft, umso mehr Raum bleibe für Missverständnisse, sagt Wesner. [...]

M2 **Statistik zur Übermittlung von Liebesbotschaften**

In welcher Form haben Sie Ihre letzte Liebeserklärung vermittelt?

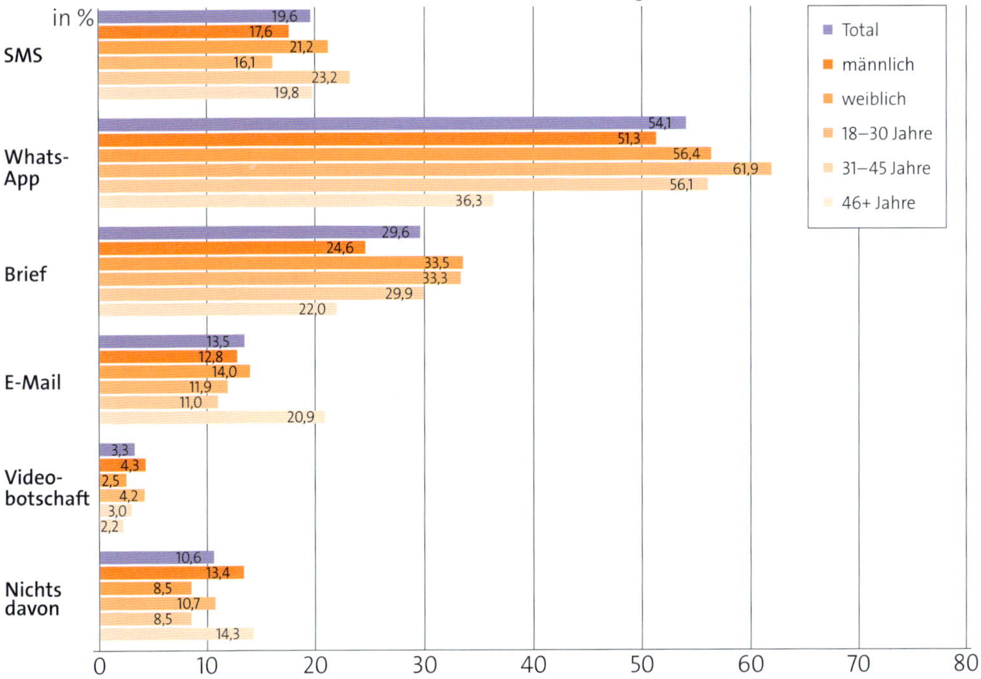

Das Marktforschungsinstitut mafo.de hat 1.052 Männer und Frauen zu diesem Thema befragt (2016)

M3 Britta Gürke: **Liebeskommunikation im Wandel der Zeit**

„Mein Süßtönender, mein Schoßkindchen, mein Schmeichelkätzchen, mein Herzensnärrchen, mein Hyazinthenbeet": Diese Worte fand Henriette Vogel, als sie im Jahr 1811 dem Schriftsteller Heinrich von Kleist einen Liebesbrief schrieb. 200 Jahre später ist SMS-Tipper Markus nicht weniger kreativ, schickt ein aus Punkten und Strichen zusammengesetztes Herz per Kurznachricht und schreibt noch ein „HDGDL – Hab dich ganz doll lieb" an seine Lisa darunter.
Liebesbotschaften sind so alt wie die romantische Liebe selbst. Über die Jahrhunderte fielen Verliebten allerdings immer wieder neue Möglichkeiten ein, ihre Botschaft an Mann oder Frau zu bringen.
„Fast jedes Medium, das neu erfunden wurde, wurde ziemlich schnell für die Übermittlung von Liebesgrüßen genutzt", sagt Vera Losse vom Museum für Post und Kommunikation in Nürnberg. Dort thematisiert eine Ausstellung unter dem Titel „liebe.komm" die Geschichte des Liebesbriefes und seiner vielen Verwandten. [...]
Haben sich zwei Menschen erst einmal gefunden, ist das Bedürfnis nach Austausch groß. Zunächst waren Briefwechsel nur den gehobenen Gesellschaftsmitgliedern möglich, die schreiben und sich das Papier leisten

konnten. „Mit der Ausbreitung der Eisenbahn und der Erfindung der Telegrafie wurde es immer einfacher, Nachrichten auszutauschen“, sagt Vera Losse.

Eine besondere Rolle spielten Liebesbriefe auch während des Ersten und Zweiten Weltkrieges. Anrührende Botschaften, aber auch ganz alltägliche Schriften berichten scheinbar Banales, etwa was der Absender am jeweiligen Tag gegessen hat. Die Dokumente geben aber noch heute Zeugnis von der besonderen Bedeutung der Kommunikation zwischen zwangsweise getrennten Paaren. [...]

Fächersprache und Tischtelegrafen, ein Astloch im Baum für Kontaktanzeigen, Rohrpost-Cafés oder Internetchats: Wenn es um Möglichkeiten ging, den passenden Partner zu finden, haben sich Menschen zu allen Zeiten kreative Kommunikations-Methoden ausgedacht.

Feine Damen traten schon im 18. Jahrhundert bei gesellschaftlichen Ereignissen über ihre Fächer dezent mit den Herren ihrer Wahl in Kontakt. Wer des Fächer-Alphabetes mächtig war, interpretierte ein Gleiten des Accessoires über die Wange richtig als „Ich liebe Dich“, ein Flattern mit der rechten Hand als „Ich liebe einen Anderen“. [...]

In den „Goldenen Zwanzigerjahren“ wurde die Kommunikation dann etwas direkter. In Berlin eröffnete ein Café, an dessen Tischen jeweils ein Telefon und eine Rohrpost-Station angebracht waren. Interessierten sich die Besucher füreinander, scheuten aber den Weg durch den Raum, konnten sie einfach am jeweiligen Nachbartisch anrufen oder kleine Geschenke per Rohrpost verschicken. [...]

Dauerbrenner ist bis heute die Kontaktanzeige. Die erste Annonce erschien in Deutschland bereits 1738 in den „Franckfurter Frag- und Anzeigsnachrichten“. [...]

Anders als vielfach angenommen, ist der Liebesbrief auch in Zeiten von Handys und Telefonen nicht aus der Mode gekommen. „Die vielen tausend E-Mails, die täglich geschrieben werden, zeigen, dass der Liebesbrief keineswegs ausstirbt. Im Gegenteil: Der Liebesbrief erlebt gerade eine neue Blüte“, sagt Losse. [...] „Wir haben festgestellt, dass die Leute das Bedürfnis haben, die Nachrichten aufzuheben. Sie kommunizieren zwar über SMS, ein Medium, das nicht für das Aufbewahren geeignet ist. Anschließend schreiben sie die SMS aber ab“, sagt Losse.

Wie die Geschichte des Liebesbriefes weitergehen wird, kann auch Losse nicht vorhersagen. Der Wissenschaftler Alexander Roesler allerdings hat bereits eine Vorstellung von der Liebes-Mail der Zukunft. [...] Aussterben werde die Liebesnachricht nie. Sie werde höchstens ihre Form verändern, meint Roesler. „Die Liebe wird sich neue Wege der Kommunikation suchen. Und finden.“

M4 Internet-Anzeige einer Online-Partnervermittlung

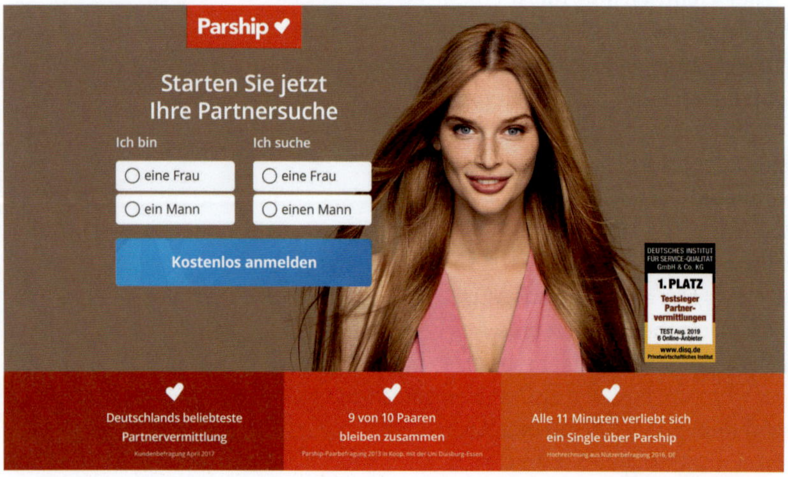

M5 Stephan Porombka: Liebe erfordert heute Medienkompetenz

Die Liebe stirbt im Internet? Das ist ziemlich unwahrscheinlich. Es spricht sogar alles dagegen. Sie boomt. Sie verwandelt sich. [...] Ein immer größerer Teil von dem, was Liebesbeziehungen ausmacht, wird über Mails, SMS, Snaps, Directmessages und Skype geregelt. Manche Paare beschränken sich auf WhatsApp. Andere experimentieren. Sie schreiben sich Kurznachrichten, schicken sich Audios, posten und kommentieren sich bei Facebook und teilen abends noch Bilder bei Instagram, wenn sie nebeneinander auf dem Sofa sitzen. [...]
Wer dem Liebesbrief nachtrauert, kann sich von einer Vielfalt kleiner Formen überraschen lassen, die sich erst in den letzten Jahren entwickelt haben und immer weiter ausdifferenzieren. Kulturwissenschaftler, die sich mit der Geschichte des Lesens und Schreibens beschäftigen, stellen dabei keine Verflachung fest. Im Gegenteil. Das Zeichenspiel der Liebe wird schneller, komplexer, flirrender. Es sind Ströme von Bildern, die zwischen Liebenden laufen. Es sind Filmclips, Stimmen, Geräusche, Musikdateien, experimentelle Texte und Texturen. Sie werden durch Bearbeitungen in Bewegung gehalten. Zugleich werden sie in virtuellen Kartons gesammelt: auf Festplatten, in Dropboxen, in den Speichern der sozialen Medien. [...]
Die Smartphone-Love ist so neu und so vorbildlos, dass sogar ziemlich viel danebengeht. [...] Beziehungsfähigkeit zu lernen, heißt deshalb mittlerweile: Medienkompetenzen zu entwickeln. Die Liebeskunst ist unter den Bedingungen der Gegenwart immer auch die Kunst, produktiv und kreativ mit dem Smartphone umzugehen. Und das heißt: Man muss die neuen Liebesbeziehungen auf ganz romantische Weise als Kunstwerk gestalten, in dem die Zeichen zirkulieren und jede Sendung als kleines Werkstück zu verstehen ist, das etwas Gelingendes zum Ganzen beiträgt. [...]
Die moderne Liebe ist Kommunikation. Deshalb schafft die Kommunikationsrevolution die Liebe nicht ab. Sie macht es nur noch notwendiger, dass wir über unsere Liebe kommunizieren, um zu verstehen, was uns miteinander guttut. [...]

M6 Aufruf eines Forschungsprojekts

FORSCHUNGSPROJEKT: LIEBESKOMMUNIKATION IM WANDEL

Aufruf zur Einsendung von Liebesbriefen und Chatverläufen

Der Liebesbrief zeigt auf eindrückliche Weise, wie sich private Schriftlichkeit im Lauf der Zeit verändert. Sprachforscherinnen der Universitäten Darmstadt, Mainz und Koblenz haben sich zusammengetan und sammeln nun Liebesbriefe aus dem ganzen deutschsprachigen Raum, um ein umfassendes Korpus zu erstellen, das als Grundlage für die Erforschung des privaten, intimen Liebesbriefs von jedermann und jederfrau taugen soll. Es wird untersucht, ob sich die Art, Gefühle auszudrücken, im Laufe der Zeit gewandelt hat. Neben den Originalbriefen können diese Liebesbotschaften auch in digitalisierter Form eingereicht werden. Aber auch E-Mail- und WhatsApp-Nachrichten werden ins Archiv aufgenommen.

Wie können Sie uns die Briefe/Mails und Chatverläufe überlassen?

Ihren Brief oder Ihre Briefe und Korrespondenzen können Sie uns sowohl im Original oder auch als Kopie einsenden. Bei der Kopie ist es wichtig, darauf zu achten, dass der gesamte Brief kopiert wird und dass die Kopie gut lesbar ist. Digitale Nachrichten können per USB-Stick versendet werden.
Wir freuen uns auch, wenn Sie uns nähere Angaben zu den Briefschreibern (Alter, Beruf, Beziehungsstand etc.) oder zu den Empfängern ergänzen. Abschließend möchten wir Ihnen versichern, dass wir Ihnen vollumfängliche Diskretion und die Respektierung von Datenschutz und Persönlichkeitsrechten garantieren können.

Prof. Dr. Antje Dammel (Johannes Gutenberg-Universität Mainz)
Prof. Dr. Andrea Rapp (Technische Universität Darmstadt)
Prof. Dr. Eva L. Wyss (Universität Koblenz-Landau)

Einsendungen bitte an folgende Adresse:
Prof. Dr. Eva L. Wyss
Universität Koblenz-Landau, Standort Koblenz,
Liebesbriefarchiv
Universitätsstr. 1, 56070 Koblenz

2.1 Erster Schritt: Die Aufgabenstellung verstehen

Methode **Die Aufgabenstellung verstehen**

Damit Sie die verschiedenen Materialien gezielt auswerten und einen Text verfassen können, der den Anforderungen der Aufgabenstellung entspricht, müssen Sie die Aufgabenstellung genau verstehen. Dabei helfen Ihnen folgende Leitfragen:

- Was ist das **Thema** des informierenden Textes?
- Was sind **Anlass** und **Ziel** des geforderten Textes?
- Welche **Textsorte** wird verlangt? Was wissen Sie über diese Textsorte?
- Wer sind die **Adressaten**? Welche **Erwartungen** haben die Adressaten bezüglich des **Inhalts** und der **Schreibweise** an den Text?
- Auf welche **Aspekte** sollen Sie in dem Text eingehen?
- Welche **Operatoren** kommen in der Aufgabenstellung vor und welche Tätigkeiten verlangen diese von Ihnen (▶ Tippkasten unten)?

1 Lesen Sie die Aufgabenstellung (▶ S. 14) aufmerksam durch.

a Markieren Sie zentrale Begriffe in der Aufgabenstellung. Wählen Sie für die drei Aspekte Ihres Textes (Geschichte der Liebeskommunikation usw.) jeweils eine eigene Farbe.

b Beantworten Sie die im Methodenkasten oben aufgelisteten Fragen in Stichworten.

Thema: ______________________________

Anlass und Ziel: ______________________________

____

Textsorte: ______________________________

Adressaten: ______________________________

Aspekte: ______________________________

____

Operatoren: ______________________________

Tipp **Operatoren beachten**

Operatoren bezeichnen die konkreten Anforderungen, die die Aufgabenstellung von Ihnen verlangt. Für die Aufgabenart IV sind vor allem die folgenden Operatoren wichtig:

- **beschreiben/wiedergeben/zusammenfassen:** Textaussagen oder Sachverhalte in eigenen Worten darstellen,
- **darstellen/vorstellen:** Zusammenhänge, Probleme, Inhalte unter einer bestimmten Fragestellung sachbezogen ausführen,
- **formulieren:** einen Sachverhalt fachsprachlich darlegen,
- **erläutern:** Textaussagen, Sachverhalte differenziert darstellen, durch zusätzliche Informationen veranschaulichen,
- **argumentieren:** bezogen auf eine Fragestellung Argumente entfalten und – eventuell unter Abwägung unterschiedlicher Standpunkte – zu einem Urteil gelangen,
- **begründen:** Standpunkte, Thesen mit Argumenten belegen,
- **in Beziehung setzen:** Textaussagen, Argumente usw. in Verbindung bringen,
- **beurteilen/bewerten:** zu einem selbstständigen, begründeten Sachurteil bzw. Werturteil gelangen,
- **(kritisch) Stellung nehmen:** nach kritischer Prüfung und sorgfältiger Abwägung eine Einschätzung formulieren.

2 Kreuzen Sie an, was die Aufgabenstellung verlangt.

	Ich soll ...	richtig	falsch
a	über das Thema der Liebeskommunikation im digitalen Zeitalter informieren.	☐	☐
b	die Geschichte des Liebesbriefs genau erklären.	☐	☐
c	mögliche Probleme der digitalen Liebeskommunikation anführen.	☐	☐
d	die Mitschüler/-innen überreden, Liebesbriefe an ein Forschungsprojekt zu schicken.	☐	☐
e	meinen Text strukturiert, nicht zu schwierig und leserorientiert schreiben.	☐	☐

2.2 Zweiter Schritt: Erstes Textverständnis und Ideen formulieren

Tipp **Vorwissen aktivieren**

Wenn man unbekannte Texte verstehen möchte, sollte man bewusst das eigene **Vorwissen** zum Thema der Texte aktivieren. So können neue Informationen mit dem schon vorhandenen Wissen verknüpft und besser eingeordnet und behalten werden. Als **Methode** bietet sich ein **Cluster** oder eine **Mindmap** an. In einer Klausursituation mit Zeitdruck hilft es jedoch bereits, kurz über das Themengebiet nachzudenken und sich sein Vorwissen bewusst zu machen.

1 Aktivieren Sie Ihr Vorwissen zum Thema Liebeskommunikation. Sie können auch Fragen notieren. Ergänzen Sie dazu den folgenden Cluster in Ihrer Kursmappe.

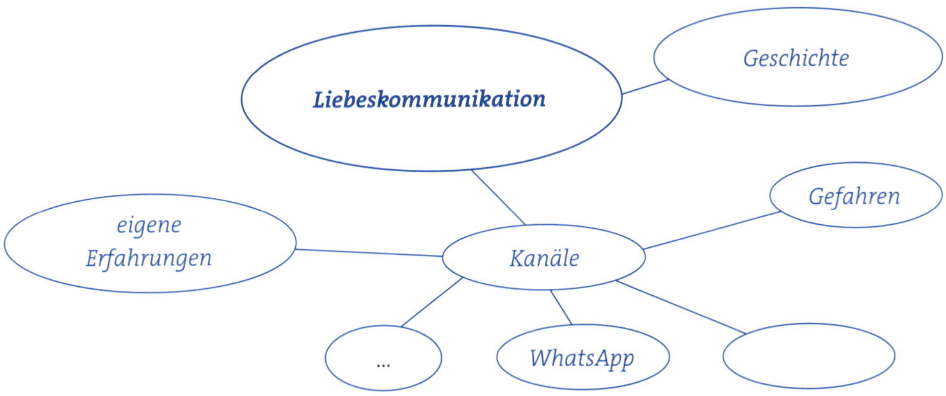

2 Verschaffen Sie sich einen ersten Überblick über die Materialien M1 bis M6:
- Lesen Sie jeweils die Überschriften.
- Überfliegen Sie die Texte und betrachten Sie die Grafik sowie die Abbildung.
- Notieren Sie, zu welchem Aspekt der Aufgabenstellung die Materialien jeweils vorwiegend gehören.

M1: *vorwiegend Probleme in der digitalen Liebeskommunikation* ____________________

M2: ____________________

M3: ____________________

M4: ____________________

M5: ____________________

M6: ____________________

2.3 Dritter Schritt: Die Materialien gezielt lesen

1 Lesen Sie die Texte M1, M3, M5 und M6 nun gezielt. Sie können sich am folgenden Beispiel zu M1 orientieren.
- Markieren Sie in den drei von Ihnen gewählten Farben (► S. 18, Aufgabe 1a), welche Informationen zu welchen Aspekten des Themas gehören.
- Nutzen Sie den Rand neben den Texten für Notizen: Hier können Sie z. B. Informationen mit eigenen Worten zusammenfassen, Beziehungen zu anderen Materialien herstellen oder Informationen festhalten.

Aspekt: Chancen der digitalen Liebeskommunikation
Probleme der digitalen Liebeskommunikation

„Früher hat man einen Zettel an den Spiegel geklebt oder eine Nachricht in die Butterbrotdose gelegt, heute schickt man sich solche Nachrichten mit dem Handy", sagt Jörg Wesner, Diplom-Psychologe und Paartherapeut aus Hamburg. „Das ist zunächst ganz einfach eine gute Möglichkeit, seine Zuneigung zum Ausdruck zu bringen." Durch den lieben Gruß weiß der Partner: Ich denke an Dich. Und das fühlt sich gut an.
Trotzdem sorgen die kurzen Nachrichten in vielen Beziehungen für Stress. Wer schreibt, hofft auf schnelle Antwort und ist enttäuscht, wenn der oder die Liebste nicht reagiert.

Chancen der digitalen Liebeskommunikation
→ Bezug zu M5
durch den digitalen Austausch entstehen neue Erwartungen an den Partner

Methode **Ein Diagramm anhand von Leitfragen auswerten**

1 **Thema klären**
Worüber macht das Diagramm Aussagen?
2 **Details untersuchen**
Wenn Zahlen angegeben werden: Handelt es sich um Prozentangaben oder um absolute Zahlen?
Werden Symbole und Farben erklärt?
Gibt es einen Begleittext, der z. B. die Erhebungsmethode erläutert?
Falls die Zahl der Befragten angegeben wird: Wie repräsentativ ist diese?
Werden Quellen angegeben?
3 **Kernaussage zusammenfassen**

2 a Betrachten Sie die Grafik M2 (► S. 15). Geben Sie an, worüber die Grafik informiert.

Die Grafik gibt Auskunft über ______

______

______

b Notieren Sie die Quellen und die Datengrundlage des Diagramms. Erscheint die Zahl der Befragten ausreichend?

Quelle des Diagramms ist ______

______

______

c Fassen Sie die Kernaussage des Diagramms zusammen.

______

______

______

d Setzen Sie die Aussage des Diagramms in Beziehung zu den Informationen aus den anderen Materialien. Prüfen Sie, ob die Aussage Informationen in den anderen Materialien ergänzt, bestätigt oder im Widerspruch dazu steht.

Das Balkendiagramm zeigt, dass Liebesbotschaften sich im Laufe der Zeit ______________________

____

____

3 a Betrachten Sie die Werbeanzeige einer Online-Partnerbörse (M4 ► S. 16). Geben Sie an, womit und wie in dieser Anzeige geworben wird.

____

____

b Setzen Sie die Aussage der Werbeanzeige in Beziehung zu den Informationen aus den anderen Materialien. Prüfen Sie, ob sie Informationen in den anderen Materialien ergänzt, bestätigt oder im Widerspruch dazu steht.

____

____

2.4 Vierter Schritt: Den Schreibplan erstellen und schreiben

Den Schreibplan erstellen

Methode **Informationen filtern, strukturieren, vernetzen**

Prüfen Sie, ob die Aufgabenstellung eine Hilfe für die Gliederung des Textes gibt. Oft bestehen Aufgabenstellungen zum materialgestützten Schreiben aus mehreren **Teilaufgaben** und diese Einteilung kann für die **Strukturierung des Textes** verwendet werden.
Wichtig ist, dass der Text eine **klare gedankliche Struktur** aufweist, die zur verlangten Thematik und Textform passt. Dafür müssen die Informationen aus den Materialien gefiltert, neu strukturiert und vernetzt werden.

Dabei ist es wichtig,
- Einzelinformationen den vorgegebenen Aspekten zuzuordnen,
- für das Schreibziel überflüssige Informationen auszusortieren,
- mehrfach vorkommende Informationen zusammenzufassen,
- widersprüchliche Informationen herauszustellen.

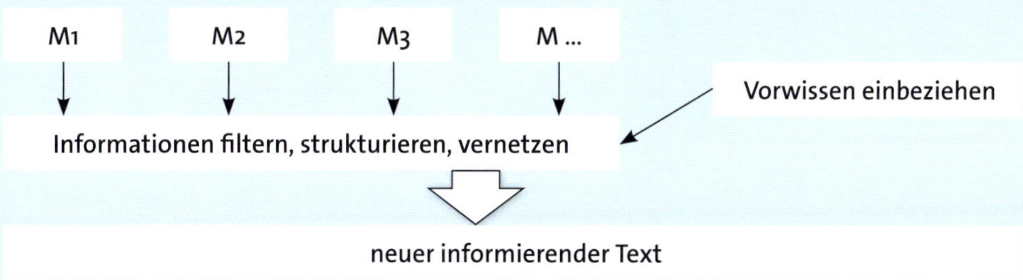

1 Notieren Sie, welche Grobgliederung des Hauptteils durch die Aufgabenstellung nahegelegt wird.

____

____

Tipp **Schreibplan in der Klausur**

Bevor Sie mit dem Schreiben beginnen, sollten Sie die **Gliederung des Textes** klar vor Augen haben (► Aufgaben 2 bis 4 auf S. 22/23). In der Klausursituation ist allerdings oft keine Zeit für die detaillierte schriftliche Fixierung Ihres Schreibplans. Sie halten dann nur die **Hauptabschnitte** fest und erledigen die Details der Konzeption teils im Kopf, teils in Form **knapper Notizen** oder **Markierungen** in den Materialien.

2 Planen Sie den Textabschnitt zur Geschichte der Liebeskommunikation. Führen Sie die Informationen aus den relevanten Materialien zusammen.
Behalten Sie Ihr Schreibziel und Ihre Adressaten im Auge und wählen Sie nur die wichtigsten Informationen aus. Tragen Sie die Entwicklung der Liebeskommunikation in die folgende Tabelle ein.

Jahr/Zeitraum	Art der Liebeskommunikation
18. Jahrhundert	*Fächerkommunikation:*
	Erste Kontaktanzeige:
Zeit des Zweiten Weltkriegs	
	Digitale Liebeskommunikation

3 a Planen Sie den Textabschnitt, der darüber informiert, welche Chancen und Probleme die digitale Liebeskommunikation beinhaltet. Beziehen Sie hierzu Ihr Vorwissen aus dem Unterricht mit ein, indem Sie Vor- und Nachteile der digitalen Kommunikation ergänzen.
Tragen Sie die Chancen und Probleme in die folgende Tabelle ein.

Chancen der digitalen Liebeskommunikation	Probleme der digitalen Liebeskommunikation
– *Liebeskommunikation kann heute auf vielen Kanälen gleichzeitig stattfinden (schriftlich und visuell)*	– *kurze Nachrichten können für Stress sorgen: Wer schreibt, hofft auf schnelle Antwort und ist enttäuscht, wenn der oder die Liebste nicht reagiert*

b Notieren Sie Voraussetzungen, die eine problemlose digitale Liebeskommunikation ermöglichen kann.

4 a Planen Sie den Textabschnitt, in dem Sie über das Projekt des Liebesbriefarchivs informieren. Sichten Sie hierfür insbesondere das Material M6. Notieren Sie, was das Ziel des Forscherinnen-Teams ist.

b Notieren Sie, wozu die Forscherinnen in ihrem Schreiben aufrufen.

c Formulieren Sie eine Begründung, die für das Einsenden eines digitalen oder klassischen Liebesbriefes spricht.

Den Text verfassen

5 Was wollen Sie bei der sprachlichen Gestaltung Ihres Textes berücksichtigen?
Markieren Sie aus den folgenden Vorschlägen Punkte, die Ihnen bedeutsam erscheinen.

hin und wieder persönliche Anrede (ihr) • durchgehend unpersönlicher Stil (man, Passiv) • subjektiver, emotionaler Stil • eher kurze, leicht verständliche Sätze • sachlicher Stil, aber nicht allzu trocken • möglichst vollständige Darlegung aller Einzelheiten • Reduktion auf das Wichtigste • Überleitungen zwischen den Textabschnitten finden • gedankliche Zusammenhänge sprachlich verdeutlichen

Tipp **Eine Einleitung formulieren**

Die Einleitung des Textes sollte
- das **Interesse** der Leserin / des Lesers wecken,
- den **Anlass** Ihres Beitrages nennen,
- das **Thema** und die **Absicht** des Textes nennen (z. B. informieren, überzeugen, appellieren).

6 Verfassen Sie in Ihrer Kursmappe eine Einleitung für Ihren Webseiten-Artikel.

Info **Redewiedergabe und Quellenangaben beim materialgestützten Schreiben**

Sie können Darstellungen aus den verwendeten Materialien auf unterschiedliche Weise wiedergeben: in **eigenen Worten** (paraphrasierend), in **indirekter** Rede oder als **wörtliches Zitat**. Dabei müssen Sie beim materialgestützten Schreiben **keine vollständige Quellen und Zeilenangaben** machen, wie es beim wissenschaftlichen Arbeiten erforderlich ist.
Nicht jede Tatsacheninformation, die einem glaubwürdigen Material entnommen wurde, muss mit einer Quellenangabe versehen werden. Aber z. B. bei der wörtlichen oder der indirekten Redewiedergabe, bei der Vorstellung von Umfrageergebnissen oder wenn Sie persönlich Wertungen aufgreifen, sollte die Quelle kurz vorgestellt werden. Beispiele:

- *„Eifersucht hat viel mit Selbstbewusstsein zu tun", sagt die Paartherapeutin Andrea Bräu.*
- *Nach einer Umfrage des Marktforschungsinstituts mafo im Jahr 2016 nutzen die meisten Frauen und Männer ...*
- *Laut Stephan Porombka ist trotz aller Kreativität Medienkompetenz gefragt. Das richtige Gespür des Umgangs mit der Kommunikationsart sei „unerlässlich", wie der Medienwissenschaftler in seinem Artikel, der im Tagesspiegel erschienen ist, behauptet.*

7 Werfen Sie einen Blick auf Ihren Schreibplan. Unterstreichen Sie in den Materialien Informationen, für die Sie in Ihrem Text eine Quellenangabe verwenden sollten.

8 Verfassen Sie auf der Grundlage Ihrer Vorarbeiten den Hauptteil Ihres Artikels. Sie können die nachfolgenden Formulierungsbausteine nutzen. Denken Sie daran, bei der Redewiedergabe und beim Bezug auf Umfrageergebnisse die Quellen zu nennen.

Formulierungsbausteine **Informieren, begründen**

- **Eine geschichtliche Entwicklung darstellen**
  Ein Blick zurück ... zeigt, ... / Bereits im 18. Jahrhundert ...
  Einen Einschnitt markiert die Entstehung digitaler Medien, denn ...
- **Chancen und Probleme erläutern**
  Die Chancen ... liegen in ... / Das lässt sich an einem Beispiel verdeutlichen: ...
  Die Gefahr besteht jedoch darin, dass ....
  Insgesamt ist es wichtig, das richtige Medium für die Liebeskommunikation zu nutzen, denn ...
- **Eine Einschätzung begründen**
  Sicherlich ist das Einsenden von Liebesbotschaften sinnvoll, denn ...
  Immerhin leistet man ... einen Beitrag zu wissenschaftlichen ...

Tipp **Einen Schluss formulieren**

Für den Schluss Ihres Textes bieten sich folgende Möglichkeiten an:

- einen **Rückbezug** auf die **Einleitung** herstellen (Rahmenstruktur), z. B. auch erneute Leseransprache,
- eine **Zusammenfassung** / ein **Fazit** formulieren,
- einen **Ausblick** geben,
- eine abschließende **Empfehlung** oder einen **Appell** formulieren.

9 Schreiben Sie den Schluss Ihres Artikels in Ihre Kursmappe. Nutzen Sie hierfür den Tipp-Kasten.

10 Geben Sie Ihrem Artikel einen ansprechenden Titel.

2.5 Fünfter Schritt: Den eigenen Text überarbeiten

1 a Kreuzen Sie an, welche vier Fehler im folgenden Klausurabschnitt gemacht wurden. Markieren Sie die Fehler im Text.

- ☐ a Die Argumente werden nicht durch passende Beispiele gestützt.
- ☐ b Der Text ist an einigen Stellen unsachlich formuliert.
- ☐ c Textstellen passen nicht zum Thema.
- ☐ d Ein Aspekt ist für das Thema nicht relevant.
- ☐ e Der Text ist nicht an allen Stellen für Mitschülerinnen und Mitschüler verständlich.
- ☐ f Die Informationsquelle wird nicht kurz vorgestellt.

VORSICHT FEHLER!

Bei dem Versenden von WhatsApp-Nachrichten in Beziehungen muss man höllisch aufpassen. Denn Paartherapeutin Andrea Bräu kann das aus ihrer Beratungsarbeit bestätigen. „Eifersucht hat viel mit Selbstbewusstsein zu tun". Außerdem sorgt die digitale Liebeskommunikation häufig für Stress bei den Beziehungspartnern. Der WhatsApp-Messenger, der 2009 gegründet wurde, ist dabei der meistgenutzte Messenger für die Paarkommunikation. 63 % der 18–30-Jährigen nutzen WhatsApp demzufolge für den Versand von Liebesnachrichten. Dies geht aus einer Befragung hervor.

b Überarbeiten Sie den Text in Ihrer Kursmappe.

2 Überarbeiten Sie Ihren eigenen Text mit Hilfe der folgenden Checkliste.

Checkliste **Materialgestützt einen Text verfassen**

- Habe ich **alle relevanten Informationen** zum Thema aufgenommen und korrekt wiedergegeben?
- Habe ich **Aspekte** und **Informationen weggelassen**, die für die Aufgabenstellung **irrelevant** sind?
- Habe ich – wo sinnvoll – **zusätzliches Wissen** ergänzt?
- Habe ich – wo nötig – die **Informationsquellen** kurz **vorgestellt** und **korrekt zitiert bzw. paraphrasiert**?
- Hat der Text eine treffende und ansprechende **Überschrift**?
- Gliedert sich der Text in **Einleitung, Hauptteil** und **Schluss**?
- Habe ich eine **klare gedankliche Struktur** entwickelt? Wird sie durch die **sprachliche Gestaltung** deutlich?
- Ist der Text **sachlich formuliert** und dem **Schreibziel** sowie dem Adressatenkreis angepasst?
- Ist der Text **sprachlich richtig** (Rechtschreibung, Grammatik, Zeichensetzung)?

3 Notieren Sie drei Aspekte, auf die Sie beim Schreiben Ihrer nächsten Klausur besonders achten möchten.

____

____

____

____

3 Materialgestütztes Verfassen eines informierenden argumentativen Textes (Aufgabenart IV)

Aufgabenbeispiel

1 Im Rahmen der Projekttage „Digitale Medien und ihr Einfluss auf die Kommunikation" haben Sie sich innerhalb Ihres Kurses mit dem Thema „Filterblasen" beschäftigt. Dies hat Sie aufgrund der thematischen Brisanz in den Medien dazu veranlasst, Ihre Mitschülerinnen und Mitschüler in einem Artikel für die Schülerzeitung über das Thema aufzuklären und zu informieren.

Verfassen Sie zu diesem Thema auf Grundlage der Materialien 1 bis 6 und Ihrer Kenntnisse aus dem Unterricht einen Artikel für die Schülerzeitung, in dem Sie
- die Theorie der Filterblase erklären und mögliche Gefahren darstellen,
- die Kritik an der Theorie der Filterblase zusammenfassen,
- Gegenmaßnahmen vorstellen und
- abschließend begründen, ob Ihre Schule einen Medientag zum Thema „Online-Recherche und Filterblasen" ausrichten soll.

M1a Joachim Retzbach: **Die Filterblase im Kopf**

Das hört man zurzeit oft: Früher, als es das Internet noch nicht gab und die Menschen noch miteinander redeten – im Bus, beim Bäcker oder in der Eckkneipe –, wurden sie im Alltag mit allen möglichen politischen Meinungen konfrontiert. Dann aber kam das Internet und mit ihm die Algorithmen der sozialen Netzwerke. Deren oberstes Ziel ist es, dem Nutzer genau das anzuzeigen, was ihm gefällt. Deshalb schlagen sie uns vor allem solche Beiträge, Gruppen und Freunde vor, die mit unserer eigenen Einstellung übereinstimmen. Als Folge leben wir online in einer Blase, in die nur noch das vordringt, was ohnehin unseren Anschauungen entspricht. Das führt zu einer zunehmenden Spaltung der Bevölkerung, deren Bereitschaft zum Dialog verkümmert.
Die Idee geht auf den US-amerikanischen Politaktivisten und Unternehmer Eli Pariser zurück. 2011 hat er das Konzept der „Filter Bubble" in einem gleichnamigen Buch bekannt gemacht. Indem wir im Netz immer häufiger auf uns persönlich zugeschnittene Informationen erhielten, würden wir „mit unseren eigenen Vorstellungen indoktriniert", so Pariser. Es gebe weniger Raum für zufällige Begegnungen, durch die wir lernen und Einsichten gewinnen könnten. [...]

M1b Tin Fischer: **Filterblase?**

Blasen sind böse. Da sind sich eigentlich alle einig. Blasen sind schädlich. Selbst der Justizminister hat jetzt den Kampf gegen sie aufgenommen. Filterblasen, warnte Heiko Maas in einer Grundsatzrede, würden dazu führen, „dass wir oftmals nur noch auf Positionen treffen, die uns in der eigenen Meinung bestärken". Sie würden, beklagte der Minister, abweichende Meinungen ausblenden, „damit sich der Nutzer in seiner eitlen Selbstbespiegelung und Selbstbejahung sogar noch sonnen kann".
Gefangen in der Filterblase, titeln Zeitungen. Oder gleich: Raus aus der Filterblase. Kaum eine andere Theorie ist derzeit so populär wie die von der *filter bubble*: Menschen bekommen von den Algorithmen der sozialen Netzwerke nur noch Nachrichten vorgesetzt, die ihr Weltbild bestätigen, wodurch sich die Gesellschaft polarisiert. Die Blasen, fordern Politiker und Medien, müssen wir platzen lassen und endlich wieder miteinander reden. [...]

M2 Die Nachrichtenquellen der Deutschen 2016

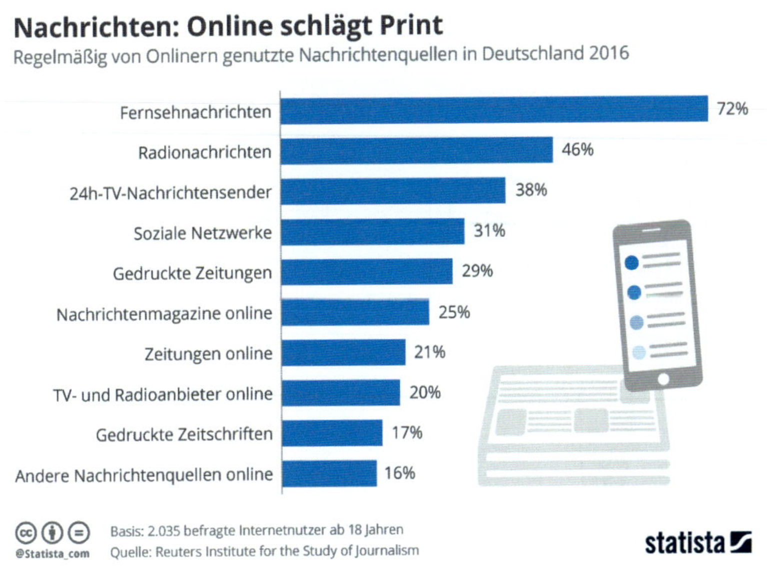

M3 Bernhard Pörksen: Die Theorie der Filterblase ist nicht länger haltbar

[...] Das Wort *Filterblase* findet sich längst im Duden. Es regiert den Smalltalk der Gesellschaftsanalyse. [...]

In den Foren und Debatten über das Netz und die Krise der Demokratie heißt es inzwischen unisono: Wir müssen raus aus unserer Filterblase und endlich mit Trump-Anhängern, Brexit-Befürworten und Pegida-Freunden reden! „Demokratie verlangt gemeinsame Grundsätze, aber man setzt uns", so Eli Pariser, „in parallele, aber getrennte Universen."

Aber stimmt das? Werden wir tatsächlich algorithmisch voneinander getrennt und in einen Tunnel der Selbstbestätigung hineingelockt? Die Antwort lautet: Das Denkbild der Filterblase ist irreführend – und zwar gleich aus mehreren Gründen. Zum einen widerspricht die Idee der von Algorithmen determinierten Extremabschottung der alltäglichen Erfahrung. Wer surft, in Blogs und Foren unterwegs ist, der bemerkt: Das Wesen des Netzes ist die Verlinkung. Und jeder Link ist – potenziell – ein Ticket in ein anderes Wirklichkeitsuniversum. Man muss nur draufklicken. Und schon wird man unvermeidlich herauskatapultiert aus der eigenen Filterblase.

Zum anderen widerspricht die Filterblasenidee den Grundeinsichten der Netzwerktheorie, über die seit den 1970er Jahren diskutiert wird. Man weiß: Schwache Verbindungen und lockere Beziehungen (sogenannte *weak ties*) sind eben deshalb so nützlich, weil sie einen mit unterschiedlichen, unbekannten und gänzlich unerwarteten Informationen konfrontieren. Und das Netz ist das Beziehungsuniversum der schwachen Verbindungen. Offline haben Menschen in der Regel wenig Freunde, online womöglich jedoch sehr viele.

Die Wahrscheinlichkeit, mit unterschiedlichen Informationen konfrontiert zu werden, steigt in solchen Netzwerken mit schwachen Verbindungen rasant an. Der Gedanke von Eli Pariser, wir liefen aufgrund von personalisierter Informationsauswahl unter den heutigen Kommunikationsbedingungen Gefahr, „in einer statischen, immer enger werdenden Ich-Welt gefangen zu werden", wirkt vor diesem Hintergrund ziemlich unplausibel.

Und schließlich widerspricht die Theorie der Filterblase den inzwischen publizierten empirischen Studien, die in immer neuen Varianten und Variationen zweierlei zeigen: Erstens ist unser Informationsuniversum sehr viel vielfältiger als gedacht, trotz der personalisierten Informationsauswahl. Zweitens ist das, was *Filterblase* genannt wird, immer auch ein Symptom unseres Informationsverhaltens, Indiz unserer eigenen Intentionen und Faszinationen. Menschen sind bestätigungssüchtige Wesen. Sie suchen, lesen und verbreiten, wovon sie ohnehin überzeugt sind und woran sie unbedingt glauben wollen. [...]

M4 **Cartoon**

M5a Simon Hurtz und Hakan Tanriverdi: **Filterblase? Selbst schuld!**

[...] Filter sind notwendig: Die Menge der verfügbaren und potenziell relevanten Informationen wächst stetig, und niemand kann das ganze Internet oder auch nur das halbe Facebook lesen. Algorithmen können helfen, eine Vorauswahl zu treffen. Ob daraus gefährliche Filterblasen werden, liegt in den Händen mehrerer gesellschaftlicher Gruppen: Nutzern, Medien und nicht zuletzt Facebook selbst.

Was Nutzer tun können: Fürchtet euch nicht

Menschen fürchten sich vor Dingen, die ihnen fremd sind. Nur wenige Menschen verstehen etwas von Algorithmen, dementsprechend lösen diese bei vielen Besorgnis aus. Dafür gibt es eigentlich keinen Grund. Algorithmen sind nur aneinandergereihte Handlungsanweisungen an ein Computerprogramm. Sie denken nicht selbst, entwickeln kein Eigenleben und spiegeln höchstens Vorurteile und Weltanschauung ihrer menschlichen Schöpfer wider.

Statt Angst vor der Macht des ominösen Facebook-Algorithmus zu haben, sollten Nutzer versuchen, dessen Funktionsweise zu verstehen. Leider verrät Facebook keine Details, dennoch kann man durch bewusstes Liken und Interagieren mit bestimmten Inhalten seinen Newsfeed gewissermaßen trainieren. Jeder Klick ist für Facebook ein Signal für Relevanz und erhöht die Chance, in Zukunft ähnliche Posts und Links angezeigt zu bekommen.

Was Medien tun können: Blasen platzen lassen

Das Naheliegende: Medien können Leser kritisch und fundiert über Algorithmen aufklären, ohne Panik zu verbreiten. Noch wichtiger: Sie sollten darauf achten, sich nicht selbst in Filterblasen zu verstricken. Digital, aber auch und vor allem im analogen Berufsleben. Viele Journalisten leben in Großstädten und sind bestens darüber informiert, wie Akademiker in Schwabing, Kreuzberg und auf der Hamburger Schanze denken – mit den Menschen auf dem Land kommen die meisten eher selten in Kontakt. [...]

Was Facebook tun kann: Mitspracherecht für Nutzer

[...] Schon lange ist das Netzwerk keine neutrale Plattform mehr, die lediglich nutzergenerierte Inhalte darstellt. Facebooks Algorithmen gewichten, sortieren und beeinflussen damit das Weltbild der Nutzer. Der Effekt mag

weniger stark sein als befürchtet, aber er ist messbar und wird zunehmen, je weiter Facebook wächst.
Es geht nicht darum, dass Facebook entscheidet, was gut oder schlecht, wahr oder falsch ist. Ein erster Schritt könnte es sein, Nutzern besser zu erklären, wie der Newsfeed funktioniert. Warum sehe ich das Hochzeitsfoto meiner alten Schulfreundin, nicht aber den letzten Link, den mein Kollege gepostet hat? Nutzer müssen wissen, nach welchen Kriterien Algorithmen entscheiden. Dann können sie auch Einfluss auf die Software nehmen. [...]

M5b Tin Fischer **Wir Zwerge unter Datenriesen**

Leben wir in Filterblasen? Lesen wir nur noch Nachrichten, die unsere Weltsicht bestätigen? Vor sechs Jahren machte der politische Aktivist Eli Pariser diese Ansicht populär. Algorithmen sozialer Netzwerke würden dazu beitragen, dass jeder seine eigene, individualisierte Wahrheit erhalte. Die Folge: Polarisierung. Die These war anschaulich und elegant formuliert, traf den Zeitgeist und wurde ein Bestseller. Sie hatte nur ein Problem: Es gab kaum Belege dafür. [...]
Zurück zur „Filter Bubble“: Natürlich gibt es sie. Wer nicht mehr über soziale Schichten hinweg heiratet, schafft sie sich. Wer in ein Quartier zieht, in dem nur Gleichgesinnte leben, schafft sie sich. Wer in sozialen Netzwerken nur Seiten abonniert, die ihm zusagen, schafft sie sich. Sie zu überwinden, ist mühsam, und Verantwortliche zu benennen, schwierig. [...]

M6 **Online-Seminar zur Nachrichtenrecherche im Netz**

Seminar / Kurs

Online-Recherche in sozialen Netzwerken

Inhalte

Social Media ist in der Alltagswelt der Medien angekommen: YouTube-Videos laufen in der Tagesschau, Presseabteilungen verbreiten ihre Mitteilungen über Twitter, Blogartikel führen zu Rücktritten in der Politik. Dieser Workshop zeigt Ihnen im Überblick, wie auch Sie diese Kanäle für die Recherche nutzen können, und gibt praktische Anleitungen für die Social-Media-Recherche. So entwickeln Sie das Gespür, wie Sie aus dem Grundrauschen privater Beiträge Ansätze für Geschichten finden. Und Sie erfahren, wie Sie Beiträge aus sozialen Netzwerken auf ihre Richtigkeit überprüfen.

Schwerpunkt

Im Zentrum steht die Recherche in sozialen Netzwerken.

Themen

- Überblick über Twitter, Facebook, Google+ u. a.
- Regeln der Kommunikation in sozialen Medien
- Wikipedia journalistisch nutzen
- Protagonistensuche mit Xing
- Twitter als Recherchetool
- Tweetdeck einrichten
- Experten suchen und finden
- Facebook-Recherche
- Foto-Quellencheck (Exif-Daten, Rückwärtssuche, Kontextsuche)
- Video-Quellencheck

Lernziele

- Sie können einschätzen, wie Sie die einzelnen Kanäle für Ihre Recherche einsetzen, um Themen und Informationen zu finden oder zu überprüfen.
- Sie haben einen Überblick über Social Media.

(aus didaktischen Gründen gekürzt)

3.1 Erster Schritt: Die Aufgabenstellung verstehen

1 Lesen Sie die Aufgabenstellung (► S. 26) aufmerksam durch.

a Unterstreichen Sie, was Sie im ersten Teil der Aufgabenstellung über folgende Aspekte erfahren:
- Anlass und Ziel des Textes, den Sie schreiben sollen,
- Thema des Textes,
- Textsorte,
- Adressaten des Textes.

b Markieren Sie im zweiten Teil der Aufgabenstellung in vier verschiedenen Farben die vier inhaltlichen Aspekte, auf die Sie in Ihrem Text eingehen sollen, und die dazugehörigen Operatoren (► S. 18).

2 Erläutern Sie, was in den vorwiegend informierenden und was in den vorwiegend argumentierenden Teil Ihres Textes gehört. Berücksichtigen Sie dabei die Operatoren der Aufgabenstellung.

In den vorwiegend informierenden Teil des Textes gehören

In den vorwiegend argumentierenden Teil des Textes gehören

3 Beim Planen und Schreiben des informierenden Textes ist es wichtig, den Anlass und die Adressaten stets im Blick zu behalten. Überlegen Sie mit Hilfe der folgenden Aufgaben, welche Bedeutung diese für Ihren Text haben.

a Notieren Sie, was es für Ihre Mitschülerinnen und Mitschüler bedeutet, dass sie sich möglicherweise einseitig informieren und dadurch das Risiko besteht, sich in einer Filterblase zu befinden.

– *Verunsicherung, weil*

b Halten Sie fest, warum ein Medientag zum Thema Online-Recherche an Ihrer Schule ein wichtiges Anliegen sein könnte.

Die Schülerinnen und Schüler könnten durch einen Medientag erfahren,

3.2 Zweiter Schritt: Erstes Textverständnis und Ideen formulieren

1 Halten Sie in einem Cluster Ihr Vorwissen zu den Themen „Filterblase" und „Online-Recherche" fest. Überlegen Sie dabei auch, wie diese beiden Themen zusammenhängen.

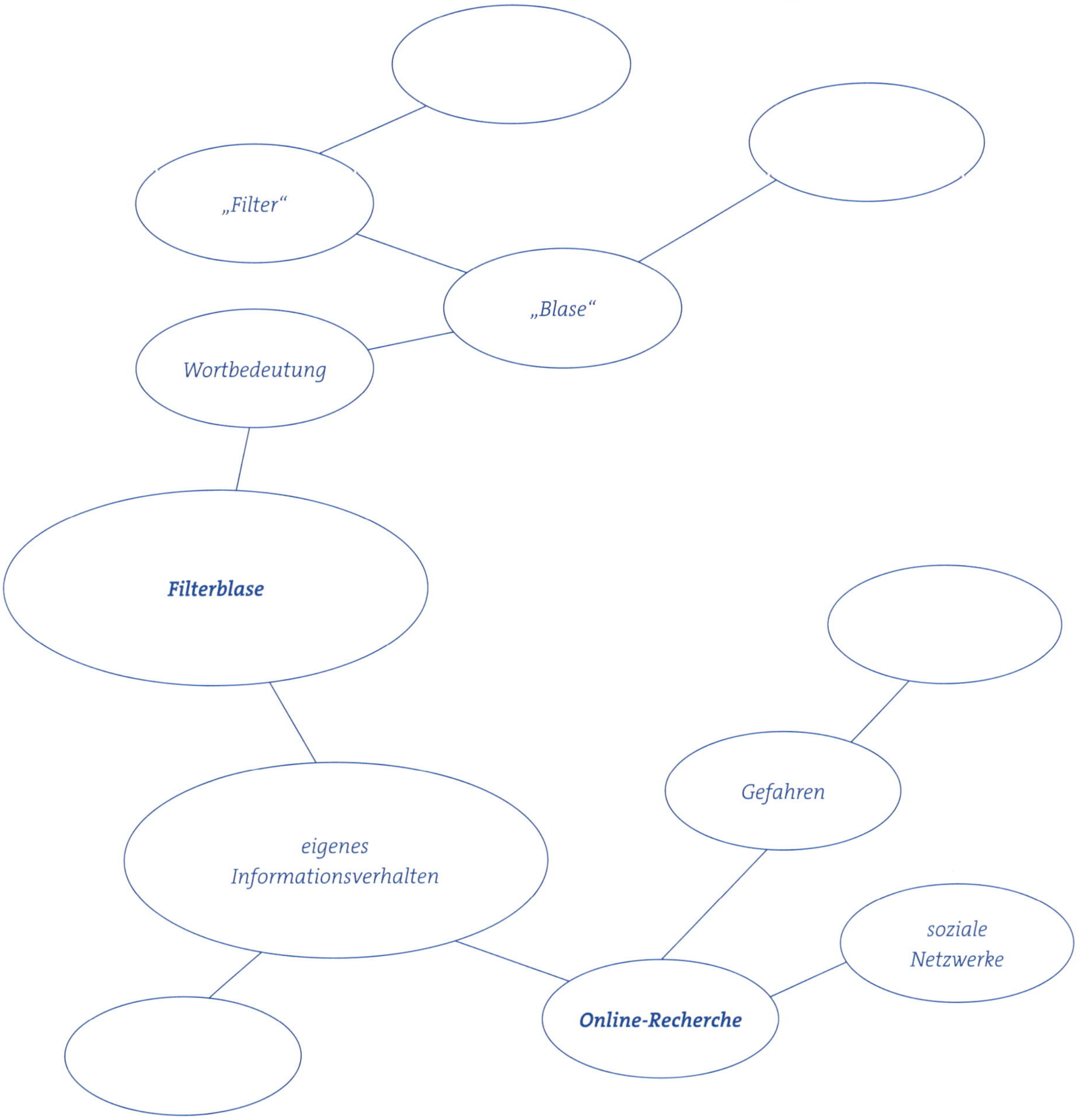

2 Verschaffen Sie sich einen ersten Überblick über die Materialien M1 bis M6, indem Sie die Texte überfliegen und sich das Diagramm sowie den Cartoon anschauen.
Notieren Sie, in welchen Materialien Sie vermutlich Informationen zu den drei in der Aufgabenstellung genannten Aspekten finden.

Theorie der Filterblase und mögliche Gefahren: __________

Kritik an der Theorie der Filterblase: __________

Gegenmaßnahmen: __________

Gründe für die Durchführung eines Medientages: __________

3.3 Dritter Schritt: Die Materialien gezielt lesen

1 Lesen Sie die Materialien gezielt. Sie können sich am folgenden Beispiel zu M3 orientieren.
Markieren Sie in den vier von Ihnen gewählten Farben (▸ S. 30, Aufgabe 1b) die Informationen

- zur Theorie der Filterblase und den Gefahren,
- zur Kritik an der Theorie der Filterblase,
- zu Gegenmaßnahmen und
- zu Informationen zum Medientag „Online-Recherche".

Nutzen Sie den Rand neben den Materialien für Notizen. Hier können Sie z. B. Informationen mit eigenen Worten zusammenfassen oder Beziehungen zu anderen Materialien herstellen.

Aspekt: Theorie der Filterblase
Kritik an der Theorie Filterblase

Offline haben Menschen in der Regel wenig Freunde, online womöglich jedoch sehr viele.
Die Wahrscheinlichkeit, mit unterschiedlichen Informationen konfrontiert zu werden, steigt in solchen Netzwerken mit schwachen Verbindungen rasant an. Der Gedanke von Eli Pariser, wir liefen aufgrund von personalisierter Informationsauswahl unter den heutigen Kommunikationsbedingungen Gefahr, „in einer statischen, immer enger werdenden Ich-Welt gefangen zu werden", wirkt vor diesem Hintergrund ziemlich unplausibel.

unwahrscheinlich, sich in sozialen Netzwerken zu isolieren

Filterblase = personalisierte Informationsauswahl
→ Bezug zu M1

2 Fassen Sie aus allen Materialien die Informationen zusammen, die die Theorie der Filterblase erklären.
Notieren Sie Ihre Ergebnisse stichpunktartig.

M1a: Theorie aus 2011 von ____________________

– ____________________

– ____________________

– ____________________

M... ____________________

– ____________________

– ____________________

3 a Fassen Sie die Kernaussage des Diagramms zu den Nachrichtenquellen der Deutschen 2016 (M2, ▸ S. 27) zusammen (▸ Info S. 20).

Das Diagramm zu den Nachrichtenquellen ____________________

____

____

b Setzen Sie die Aussagen des Diagramms in Beziehung zu den Informationen aus den anderen Materialien. Prüfen Sie, ob die Aussage Informationen in den anderen Materialien ergänzt, bestätigt oder im Widerspruch dazu steht.

____

____

Methode **Ein Cartoon anhand von Leitfragen auswerten**

1 **Thema klären**
Worüber macht der Cartoon eine Aussage?
2 **Die Aussage untersuchen:**
Was will der Cartoon verdeutlichen?
Auf welche Weise wird die Aussage dargestellt? Kritisch? Ironisch? Humorvoll?
3 **Kernaussage zusammenfassen**

4 a Betrachten Sie den Cartoon (M4 ▸ S. 28). Notieren Sie, was der Cartoon thematisiert.

Die Comic thematisiert ___

___

b Fassen Sie die Kernaussage des Cartoons zusammen.

Der Cartoon verdeutlicht, dass ___

___

___

c Setzen Sie die Aussage des Cartoons in Beziehung zu den Informationen aus den anderen Materialien. Prüfen Sie, ob sie die Informationen in den anderen Materialien ergänzt, bestätigt oder im Widerspruch dazu steht.

Der Cartoon illustriert die Theorie der ___

___

___

5 Ordnen Sie Argumente und Beispiele gegen die Theorie der Filterblase in die folgende Tabelle ein. Sichten Sie dafür besonders Ihre Markierungen in M3.
TIPP: In der Klausursituation ist oft keine Zeit für eine ausführliche schriftliche Textauswertung, wie die folgende Tabelle sie vorsieht. Sie erledigen die strukturierte Textauswertung dann teils im Kopf, teils mit Hilfe knapper Notizen sowie Markierungen der Materialien.

Argumente gegen die Theorie der Filterblase	Beispiel
1 *Die Idee der Filterblase widerspricht der alltäglichen Erfahrung.*	*Das Wesen des Netzes ist die Verlinkung. Jeder Link konfrontiert einen mit einer anderen Wirklichkeit.*
2	
3	
4	

6 Ordnen Sie verschiedene Maßnahmen, um das Risiko zu minimieren, in einer Filterblase zu landen, in die Tabelle ein. Sichten Sie dafür besonders Ihre Markierungen in M5.

Gruppe		Maßnahmen
1	Nutzer/-innen	– *Nutzer/-innen sollten sich nicht vor Algorithmen oder Netzwerken wie Facebook fürchten,* – *sie sollten versuchen,*
2	Medien	
3	Facebook	

7 Notieren Sie mithilfe des Materials M6 Argumente für die Organisation eines Medientages an Ihrer Schule.

Argumente für einen Medientag zum Thema Online-Recherche

Argument 1: Einen Überblick über verschiedene Recherchekanäle erhalten	*Beispiel(e): Durch die Nutzung von mehreren*
Argument 2:	*Beispiel(e):*
Argument 3:	*Beispiel(e):*
Argument 4:	*Beispiel(e):*

3.4 Vierter Schritt: Den Schreibplan erstellen und schreiben

1 a Lesen Sie den Methodenkasten auf S. 21. Prüfen Sie, ob die Aufgabenstellung eine Hilfe für die Gliederung Ihres Textes gibt.

b Erstellen Sie einen Schreibplan für Ihren Text. Ordnen Sie dazu die Begriffe aus dem Wortspeicher in die folgende Übersicht über die Abschnitte Ihres Textes ein. Wählen Sie eine sinnvolle Reihenfolge.

Argumente für die Teilnahme an einem Medientag zum Thema Internet-Recherche • Interesse wecken • Thema und Absicht des Beitrags • Beispiele für Gegenmaßnahmen • Die Theorie der Filterblase • Kritik an der Theorie der Filterblase • abschließende Empfehlung oder Appell • Anlass des Beitrags

Einleitung

– *Interesse wecken* ______

– ______

– ______

Hauptteil

– ______

– ______

– ______

– ______

Schluss

– ______

2 Verfassen Sie nun Ihren informierenden Text für die Schülerzeitung. Nutzen Sie hierfür Ihre Vorarbeiten. Arbeiten Sie in Ihrem Kursheft.

Tipp **Eine Einleitung formulieren**

Die Einleitung Ihres Textes sollte
- das **Interesse** der Leserin / des Lesers wecken,
- den **Anlass** Ihres Beitrages nennen,
- das **Thema** und die **Absicht** des Textes nennen (z. B. informieren, überzeugen, appellieren).

a Verfassen Sie eine Einleitung für Ihren Beitrag. Berücksichtigen Sie die Hinweise im Tippkasten. Sie können die folgenden Formulierungsbausteine verwenden.

Formulierungsbausteine

– *Im Rahmen der Projekttage „Digitale Medien und ihr Einfluss auf Kommunikation“ haben wir uns mit ... beschäftigt und ... / Sicher habt ihr schon einmal gehört, dass die Nachrichtenrecherche im Internet ... / Nach unserer Recherche steht daher für unsere Schule die Überlegung im Raum, einen Medientag zum Thema ...*
– *Für unsere Jahrgangsstufe stellt sich nun die Frage ... / Vielleicht habt ihr euch auch schon gefragt, ... / Sicher ist es auch euer Anliegen...*
– *In diesem Artikel zum Thema ... beschäftige ich mich daher mit ... / Thema des Artikels ist ...*
– *Ich möchte euch dabei über ... informieren / Folgende Themen möchte ich aufgreifen ...*

b Verfassen Sie auf Grundlage Ihrer Vorarbeiten den Hauptteil Ihres Textes.
Verbinden Sie mit Hilfe der Formulierungsbausteine Ihre Informationen und Argumente sinnvoll miteinander. Denken Sie auch daran, Ihre Informationsquellen kurz vorzustellen, wenn Sie Informationen oder Argumente in indirekter Rede oder als Zitat wiedergeben (► Information S. 24).

Formulierungsbausteine **Einen informierenden Text verfassen**

- **Informieren (Die Theorie der Filterblase vorstellen)**
  Die Theorie verdeutlicht, dass ...
  Indem man sich einseitig informiert, kommt es dazu, dass ...
  Netzwerke speichern die Klickdaten der Nutzer/-innen im Internet und werten ...
  Dies führt dazu, dass einem immer häufiger ...
  Diese Entwicklung führt so weit, bis ...
  Am Ende besteht die Gefahr, dass man nur noch jene Informationen wahrnimmt, die ...
- **Erläutern (Kritik an der Theorie der Filterblase)**
  Die Kritik richtet sich generell gegen die Filterblasen-Theorie, da ...
  Studien stellen gleichfalls in Frage, dass ...
  Beispielsweise ... / Zum Beispiel ...
  Für eine eher skeptische Sichtweise spricht auch ...
  Ein zusätzlicher Hinweis auf ... ist ...
  Es ist fraglich, ob ... verantwortlich gemacht werden kann ...
  Auch Medienwissenschaftler/-innen äußern sich kritisch gegenüber der Theorie, da ...
- **Informieren (Gegenmaßnahmen benennen)**
  Eine Möglichkeit, das Risiko einer Filterblase zu minimieren, ist ...
  Es sind aber nicht die Nutzer/-innen allein, die Verantwortung hierfür tragen, sondern auch ...
  So ist es auch Aufgabe der ..., dafür zu sorgen, dass ...
  Jeder kann ... , indem man ..., um sich so einer Gefahr zu entziehen ...
  Eine weiterer Vorschlag, sich der Gefahr zu entziehen, bezieht sich auf ...
  Deshalb ist es besonders wichtig, sich nicht einseitig ..., sondern ...
- **Begründen (Einen Medientag in der Schule begründen)**
  Ein Medientag an unserer Schule ist eine gute ...
  Auch wenn die Theorie der Filterblase weniger brisant ist als bisher angenommen, könnte ...
  Die Inhalte des Medientags „Online-Recherche und Filterblasen" geben Aufschluss darüber, wie ...

Tipp **Einen Schluss formulieren**

Für den Schluss Ihres Textes bieten sich folgende Möglichkeiten an:
- einen **Rückbezug** auf die **Einleitung** herstellen (Rahmenstruktur), z. B. auch erneute Leseransprache,
- eine **Zusammenfassung** / ein **Fazit** formulieren,
- einen **Ausblick** geben,
- eine abschließende **Empfehlung** oder einen **Appell** formulieren.

c Formulieren Sie am Schluss ein Fazit mit einer Empfehlung oder einem Appell an Ihre Mitschülerinnen und Mitschüler, indem Sie den aktuellen Forschungsstand zum Thema „Filterblase" zusammenfassen und auf einen verantwortungsvollen Umgang mit Informationsmedien hinweisen.

d Verfassen Sie eine interessante Überschrift für Ihren Artikel.

3.5 Fünfter Schritt: Den eigenen Text überarbeiten

1 a Kreuzen Sie an, welche Fehler im folgenden Klausurabschnitt gemacht wurden.
Markieren Sie die Fehler im Text.

- [ ] a Die Informationsquelle wird nicht kurz vorgestellt.
- [ ] b Der Text enthält zu viel Detail-Informationen.
- [ ] c Die Textstellen passen nicht zum Thema.
- [ ] d Die Informationen aus den Materialien werden nicht mit eigenen Worten wiedergegeben.
- [ ] e Der Text ist nicht ausreichend sachlich formuliert.
- [ ] f Der Text enthält unzureichende Informationen.

VORSICHT FEHLER!

Einige meinen jedoch, dass das Phänomen der Filterblase Blödsinn ist und gar nicht stimmt. Begründet wird dies mit verschiedenen Aspekten, u. a. damit, dass Forschungsergebnisse zu gegenteiligen Erkenntnissen kommen. Umfrageergebnisse bestätigen dies. Die User informieren sich nämlich nur zu 31 % über soziale Netzwerke. 72 % informieren sich über die Fernsehnachrichten, 46 % über Radionachrichten, 29 % über gedruckte Zeitungen, 20 % über TV- und Radioanbieter online. Andere Nachrichtenquellen bevorzugen 16 % der Befragten. Ob jene, die sich in Facebook aufhalten, in gefährlichen Filterblasen leben, liegt in den Händen mehrerer gesellschaftlicher Gruppen: Nutzern, Medien und nicht zuletzt Facebook selbst.

b Überarbeiten Sie den Text in Ihrer Kursmappe.

2 Überarbeiten Sie Ihren eigenen Text mit Hilfe der folgenden Checkliste.

Checkliste **Materialgestützt einen Text verfassen**

- Habe ich **alle relevanten Informationen** zum Thema aufgenommen und korrekt wiedergegeben?
- Habe ich **Aspekte** und **Informationen weggelassen**, die für die Aufgabenstellung **irrelevant** sind?
- Habe ich – wo sinnvoll – **zusätzliches Wissen** ergänzt?
- Habe ich – wo nötig – die **Informationsquellen** kurz **vorgestellt** und **korrekt zitiert bzw. paraphrasiert**?
- Hat der Text eine treffende und ansprechende **Überschrift**?
- Gliedert sich der Text in **Einleitung, Hauptteil** und **Schluss**?
- Habe ich eine **klare gedankliche Struktur** entwickelt?
- Wird sie durch die **sprachliche Gestaltung** deutlich?
- Ist der Text **sachlich formuliert** und dem **Schreibziel** sowie dem Adressatenkreis angepasst?
- Ist der Text **sprachlich richtig** (Rechtschreibung, Grammatik, Zeichensetzung)?

3 Notieren Sie drei Aspekte, auf die Sie beim Schreiben Ihrer nächsten Klausur besonders achten möchten.

____

____

____

1 Grundlagen: Digitale Medien und ihr Einfluss auf die Kommunikation

1.1 Die Kommunikation im Wandel der Zeit → S. 4/5

1 Mögliche Lösungen:
Chat: Die Interaktionpartner/-innen kommunizieren direkt innerhalb eines Chatportals miteinander. Sie tauschen sich unmittelbar aus (Nachrichten über Zeichen, Bilder und Sprachsteuerung).
Twitter: Austausch von Posts (Kurznachrichten/Tweets mit Bildern und Kommentarfunktion)
Soziale Netzwerke: Posten von Beiträgen auf persönlichen und gruppenspezifischen Profilseiten / zusätzliche Kommentarfunktion zur Kommunikation
Telefonat/Call: mündliche Kommunikation über „Funk" oder Internet (Skype, WhatsApp usw.)
Blog: Kommunikation über Einträge mit verschiedenen Nachrichten / Themen in verschiedenen Formen (Text, Bild, Video) für Interessierte (offen) / zusätzliche Kommentarfunktion zur Kommunikation
E-Mail: Kommunikation in Textform mit Anhängen von Dateien über ein elektronisches Postfach

2 Besondere Vorteile sind u. a. die Unabhängigkeit der Kommunikation von Ort, Zeit und Raum. Die digitale Kommunikation ermöglicht einen ständigen Austausch, ohne Zeitverzögerung (synchron). Menschen können von verschiedenen Orten der Welt miteinander kommunizieren. Einige Messenger ermöglichen sogar Video-Telefonie.
weitere positive Aspekte: Schnelligkeit des Nachrichtenaustauschs, Überbrückung von großen Entfernungen, kostengünstig, sprachliche Darstellung mit Hilfe von Zeichen/Symbolen/Emojis

3 Da die Kommunikationspartner/-innen körperlich nicht anwesend sind, können Gefühle und Stimmungen schwerer vermittelt werden. Dabei kann es zu Missverständnissen kommen. So werden zur Verkürzung/Verständigung nonverbale Zeichen genutzt, z. B. Emojis.

4 Die Kritik bezieht sich auf den mangelnden persönlichen Austausch innerhalb von Gesprächen. Das vermehrte Kommunizieren über digitale Medien verändert auch den persönlichen Austausch, eher wird beispielsweise gechattet als wirklich miteinander geredet.

1.2 Die Kommunikation in sozialen Netzwerken → S. 6/7

1 **a/b** Mögliche Lösungen:

Soziales Netzwerk	Schwerpunkt/Funktion	Art der Kommunikation
WhatsApp/Signal/ Telegram	Chat-Funktion Videotelefonie Sprachnachrichten	Einzelchat: dialogische Kommunikation Gruppenchat: Gruppenkommunikation Statusmeldung: öffentliche Kommunikation
Facebook	Postings Kommentar/Like-Funktion	private/öffentliche Kommunikation über kurzes Statement/Foto Mittel zur Information und Werbung über Kommentare werden Beiträge beurteilt
Twitter	Nachrichten/Tweets	Nachrichten/Fotos/Videos oder Statusmeldungen, die an eine Person oder öffentlich kommuniziert werden
Instagram	Bildupload/Story/Videoupload	visuelle Kommunikation mit Bildern und kurzen Videos

Weitere soziale Netzwerke, die genannt werden könnten: Skype, Snapchat oder TikTok

2 **a** Vermutlich handelt es sich um ein Mädchen / eine junge Frau, die den Post erstellt hat. Sie lässt damit ihre Follower an ihrem Alltag teilhaben und unterstützt so ihr persönliches Image: Sie kommuniziert an ihre Follower, dass sie gerade in einem Fast-Food-Restaurant sitzt und einen Veggieburger isst. Adressaten sind Follower, die einen ähnlichen jugendlichen, angesagten „Lifestyle" führen und sich von solchen Postings inspirieren lassen.

b Mit den hashtagorientierten Schlagwörtern verleiht die Userin dem Post ihre individuelle Note. „#süßeraushilfscowboy" könnte daraufhin deuten, dass sie das Gericht mit einem Freund zu sich nimmt, sie könnte sich aber auch auf die Bedienung beziehen, z. B. dass sie die Bedienung nett findet. Mit dem Hashtag „#veggieburger" verdeutlicht sie ihre gesundheitsbewusste Mahlzeit und geht damit auf einen Trend ein.

c User nutzen häufig verbreitete Hashtags, damit ihr Bekanntheitsgrad zunimmt. Je bekannter ein Hashtag ist, umso mehr User erreicht der Post. Die Wahrscheinlichkeit, viele „likes" für den eigenen Post zu erhalten, steigert sich somit.

d In digitalen Medien werden zunehmend mehr Bilder zur Kommunikation genutzt, wodurch immer weniger Texte produziert werden. Die Schriftlichkeit geht in sozialen Medien weiter zurück, eher greifen die User auf Bilder und Sprachnachrichten zurück, weil die Erstellung schneller geht. In der Konsequenz können jedoch auch Abbildungen falsch interpretiert werden, wodurch es zu Missverständnissen kommen kann.

1.3 Der Einfluss der digitalen Kommunikation auf die Sprache → S. 8

1 **Kurzschreibung/Anglizismen:** „Bff" = Best friend forever , „Lw" = Langeweile, „Pb" = Profilbild, „k" = klar
Wortauslassungen/Kurzschreibung: „Hast du gesehen Tim hat neues Pb" ,
Umgangssprache/Jugendsprache: „Voll krass"
Verwendung von Emojis zur Simulation von Körpersprache und Ausdruck von Gefühlen: : (
Konzeptionelle Mündlichkeit: „isso ne?", „Weiß net. Schon so spät"

2 Individuelle Lösungen

1.4 Digitale Kommunikation und Abhängigkeit → S. 9

1 Die Grafik verdeutlicht, dass 70 % der befragten Jugendlichen eine schnelle Antwort voraussetzen. 47 % der Jugendlichen geben an, dass sie sich viel mit dem Smartphone beschäftigen, weil sie befürchten, wichtige Informationen nicht zu lesen. Weniger, lediglich 13 %, geben zu, dass sie nach längerer Zeit ohne Zugang zu sozialen Netzwerken unruhig und nervös werden.

2 Durch die Möglichkeit, sich per Smartphone jederzeit über Neuigkeiten und Nachrichten zu informieren und erreichbar zu sein, entsteht bei den Nutzer/-innen der Druck, immer auf dem aktuellen Stand und permanent verfügbar sein zu müssen. Die Nutzer/-innen haben Angst, dass sie etwas verpassen könnten. Wenn Menschen ständig das Smartphone bei sich tragen und immer wieder darauf schauen, besteht auch die Gefahr, dass sie sich ablenken lassen und sich nicht mehr konzentriert einer anderen Tätigkeit zuwenden können. Eine Lösung wäre es, das Smartphone in den Flugzeugmodus zu versetzen, um einer Ablenkung vorzubeugen. Andere Ideen wären, das Smartphone nicht permanent bei sich zu tragen, sondern smartphonefreie Zeiten einzurichten, z. B. bei Mahlzeiten. Es ist auch wichtig, die konsumierten Inhalte kritisch zu reflektieren, um die innere Unruhe einzuschränken, denn Inhalte, die man verpassen könnte, sind häufig wenig relevant.

1.5 Interaktivität im Web 2.0 → S. 10

1 Während die Nutzer/-innen von Fernsehen, Radio und Zeitung früher nur passiv waren, sind sie heute aktiver Teil in der Mediennutzung. Sie haben die Chance, die Prozesse interaktiv zu begleiten, indem sie beispielsweise in Form von Zustimmungen *(Likes)*, Ablehnungen (*Dislikes)* und verbalen Kommentaren in Online-Zeitungen direkt auf Inhalte reagieren können oder eigene Materialien ins Netz stellen können.

2 **a** Journalistische Texte in Online-Zeitungen können direkt kommentiert werden, wodurch die Meinungsfreiheit, welche im Grundgesetz der Bundesrepublik verankert ist, unter anderem garantiert wird.
b Die Netiquette-Regeln lehnen sich an das Verhalten in der Realität an: Die Vermeidung von Beleidigungen, Lügen, Falschmeldungen und die Einhaltung eines diskriminierungsfreien Sprachgebrauchs sind dabei nur einige Regeln.

3 **a** Individuelle Lösung
b Da die Nutzer/-innen nach der Deaktivierung nun nicht mehr die Beiträge kommentieren können, ist ihre Meinungsfreiheit eingeschränkt. Sie sind nur wieder die passiven Konsument/-innen, ohne interaktiv auf Beiträge reagieren zu können.

1.6 Hate Speech, Shitstorm und Beleidigungen – Hass im Netz → S. 11

1 **a/b** Beispiellösungen:
„seit ihr behindert?" → Beleidigung
„WIESO KOMMENTIERT DAS SPIEL EINE FRAU" → Diskriminierung
„Weil ... sich anhört wie eine Kampflesbe" → Diskriminierung, Beleidigung, Namensnennung
„Diese schlampe braucht einfach nur ein P*****" → Beleidigung, Bedrohung
Besonders die Kommentare von Kilian A., Flori und Michi Si zeigen Rechtschreibschwächen. Auffällig ist die Respektlosigkeit, die bis zu sprachlicher Gewalt reicht. Die anscheinend männlichen Kommentatoren sind

ignorant, in dem sie keine Rücksicht auf die Würde der Sportreporterin nehmen, ja sie sogar namentlich kennzeichnen (MattiFrog).

c Neben den Vorteilen der digitalen Kommunikation entsteht durch die Anonymität ein Enthemmungseffekt: Beleidigungen können im Internet unter gefälschtem Namen ausgesprochen werden. Eine juristische Verfolgung ist aufwendig, weil genau geprüft werden muss, ob die Beleidigungen für eine Strafverfolgung ausreichend sind.

2 Mögliche Vorgehensweisen:
Ich dokumentiere den verbalen Hass. / Ich mache die Hassrede öffentlich. /
Ich weise die Person auf ihr Vergehen hin. / Ich melde den Vorfall beim Plattformbetreiber. /
Ich ignoriere den Vorfall einfach. / Ich versuche den „Hater" vom Gegenteil zu überzeugen
Hass im Netz sollte immer dokumentiert werden. Beleidigende Wortmeldungen sind von Fall zu Fall unterschiedlich und müssen je nach Situation beurteilt werden. Beispielsweise erweist sich das Ignorieren in einigen Fällen als sinnvoll, womit dem Vorfall keine weitere Aufmerksamkeit geschenkt wird. Häufen sich die Vorfälle, sollte auf jeden Fall der Plattformbetreiber eingeschaltet werden, auch juristische Schritte können erwogen werden.

1.7 Die politische Kommunikation in den digitalen Medien → S. 12

1 Individuelle Antworten

2 b Es könnte damit zusammenhängen, dass die beiden Themen generell nicht so sehr im Netz diskutiert werden und sich viele User für andere Themen interessieren.

3 a Der Außenminister bezieht sich auf die Umweltzerstörung und zeigt sein Engagement. Er verwendet Hashtags und will durch den Verweis auf den Klimastreik und die FridaysforFuture-Bewegung gerade die jungen Leute ansprechen.

b Mit der Sprachverwendung (besonders durch die Hashtags) innerhalb des Tweets will der Außenminister Nähe zu jungen Wählerinnen und Wählern aufbauen, indem er die zurzeit diskutierten Probleme aufnimmt und dadurch suggeriert, dass auch er sich für die Bewahrung der Umwelt einsetzt.

1.8 Kommunikation und Fakten – Fake News → S. 13

1 Bei der Nachricht handelt es sich um eine Falschmeldung. Anzeichen dafür könnten die Unwahrscheinlichkeit der Nachricht, aber auch die angegebene Quelle sein. Das Foto ist sehr ausdrucksarm.

2 **Skeptisch sein:** Skepsis schützt, falsche Meldungen unbedacht als wahr anzunehmen.
Nachricht vergleichen: Im Vergleich können Unstimmigkeiten festgestellt, die Falschmeldung entlarvt werden.
Quellen untersuchen: Eine seriöse Nachricht hat eine seriöse Quelle.
Bilder überprüfen: Fake-News werden häufig mit Bildern aus anderen Kontexten versehen.
Aktualität überprüfen: Bilder und Texte in Fake News sind häufig älter und thematisch nicht mehr relevant.

3 Die Abbildung verdeutlicht, wie schnell sich Fake News verbreiten. Dies gleicht einem Schneeballsystem, bei dem falsche Meldungen rasant weitergegeben werden. Wenn sie sich erfolgreich verbreiten, werden sie häufig auch für wahr gehalten.

2 Materialgestütztes Verfassen eines informierenden erklärenden Textes

2.1 Erster Schritt: Die Aufgabenstellung verstehen → S. 18/19

1 a Markierungen: mindestens Schlüsselwörter zum **Thema** und zu den drei **Aspekten**, s. Aufgabe b

b **Thema:** Liebeskommunikation im digitalen Zeitalter
Anlass und Ziel: Projekttage des Deutschunterrichts „Kommunikation im Netz", Information der Schüler/-innen über das Thema
Textsorte: Artikel für die Schulwebseite, informierend, sachlich, leicht verständlich, auch etwas unterhaltsam
Adressaten: Schüler/-innen, ca. 10–18 Jahre
Operatoren: beschreiben, erläutern, vorstellen und begründen
Aspekte: Geschichte der Liebeskommunikation, Beispiele für Probleme und für Chancen der digitalen Liebeskommunikation, Vorstellung des Projekts und Begründung zur Teilnahme am Projekt.

2 Richtig sind die Antworten a, c, e

2.2 Zweiter Schritt: Erstes Textverständnis und Ideen formulieren

→ S. 19

1 Individuelle Lösungen

2 M1: vorwiegend Probleme in der digitalen Liebeskommunikation, teilweise auch Chancen
M2: Geschichte der Liebeskommunikation in Hinblick auf digitale Medien / Kommunikation
M3: Geschichte der Liebeskommunikation
M4: Geschichte der Liebeskommunikation in Hinblick auf digitale Medien / Kommunikation
M5: vorwiegend Chancen für die digitale Liebeskommunikation, teilweise auch Probleme
M6: Projektvorstellung und Einschätzung zur Teilnahme begründen

2.3 Dritter Schritt: Die Materialien gezielt lesen

→ S. 20/21

1 Individuelle Lösungen

2 **a** Die Grafik gibt Auskunft über die verschiedenen Medien, die zur Übermittlung von Liebeserklärungen genutzt wurden, und über die Anzahl von Nutzer/-innen, die dieses Medium für ihre Liebesnachricht gewählt haben. Die verschiedenen Balken des Diagramms sind den verschiedenen Kategorien wie Geschlecht und Alter zugeordnet.
b Quelle des Balkendiagramms ist eine Umfrage des Marktforschungsinstitutes, welches 2016 1052 Frauen und Männer zu diesem Thema befragt hat. Die Datengrundlage erscheint ausreichend repräsentiv, um eine Tendenz zu verdeutlichen.
c Viele Nutzer/-innen senden ihre Liebeserklärung hauptsächlich über WhatsApp. Das gilt für alle Nutzer/-innen gleichen Alters, egal ob weiblich oder männlich. Der klassische Brief ist das zweithäufigste Medium bei der Übermittlung von Liebesbotschaften, ebenfalls geschlechts- und altersübergreifend. Es folgen SMS und E-Mail. Mit weniger als 5 % in allen Altersgruppen wird die Videobotschaft sehr selten für die Übermittlung von Liebesbotschaften genutzt.
d Das Balkendiagramm zeigt, dass Liebesbotschaften sich im Laufe der Zeit an das aktuelle Medium anpassen. War es früher der klassische Liebesbrief, sind es in der Gegenwart Messengerdienste wie WhatsApp. Das Diagramm stützt die Aussagen aus M3 und M5, in denen erwähnt wird, dass Liebesbotschaften nicht aussterben, sondern ihre Form verändern werden.

3 **a** Die Anzeige wirbt damit, den passenden Partner/-in auf der eigenen Single-Börse-Homepage zu finden. Besonders geworben wird mit einem Testergebnis, das angibt, dass Parship die beliebteste Partnervermittlung in Deutschland sei.
b Die Werbeanzeige unterstützt wie das Diagramm (M2) und die Texte (M3 und M5) die Aussage, dass die Formen der Liebeskommunikation sich an das jeweilige Medium anpassen. Während die Damen früher beispielsweise mit einem Fächer Signale sendeten, werden heute neue Formen zur Übermittlung von Liebesnachrichten wie beispielsweise Partner-Börsen im Internet genutzt.

2.4 Vierter Schritt: Den Schreibplan erstellen und schreiben

→ S. 21–24

1 Einteilung in drei Abschnitte:
1 Geschichte der Liebeskommunikation
2 Probleme und Chancen der digitalen Liebeskommunikation
3 Vorstellung des Projektes „Liebeskommunikation im Wandel“ und eine Einschätzung zur Teilnahme am Projekt begründen

2

Jahr/Zeitraum	Art der Liebeskommunikation
18. Jahrhundert	Fächerkommunikation: Der Fächer wurde bei gesellschaftlichen Ereignissen benutzt, um Interesse zu signalisieren. Beispielsweise bedeutete ein Gleiten des Fächers über die Wange innerhalb des Fächer-Alphabets „Ich liebe dich“.
seit 1738	Erste Kontaktanzeige: Man annonciert in der Zeitung, dass man auf der Suche nach einer Partnerin / einem Partner ist. Briefe spielten zu jeder Zeit eine wichtige Rolle innerhalb der Liebeskommunikation, anfangs nur privilegierten Gesellschaftsmitgliedern vorbehalten / mit Industrialisierung auch für weniger privilegierte Bürger/-innen möglich
ab 1920	Cafés mit Telefon und Rohrpost-Station: Man konnte die Person, die einen interessierte, vom eigenen Platz anrufen oder ihr kleine Geschenke per Rohrpost schicken.

zur Zeit des Zweiten Weltkriegs	Während des Zweiten Weltkriegs erlangte der Brief eine wichtige Bedeutung: zwangsweise getrennten Paaren standen lediglich Briefe zum Austausch zur Verfügung.
ab 2000	Digitale Liebeskommunikation verläuft über SMS, WhatsApp, E-Mail. Sowohl die eigentliche Liebeskommunikation als auch die Suche nach der passenden Partnerin / dem passenden Partner finden heute überwiegend online statt.

3 a

Chancen der digitalen Liebeskommunikation	Probleme der digitalen Liebeskommunikation
Liebeskommunikation kann heute auf vielen Kanälen gleichzeitig stattfinden (schriftlich und visuell)	kurze Nachrichten können für Stress sorgen: Wer schreibt, hofft auf schnelle Antwort und ist enttäuscht, wenn die oder der Liebste nicht reagiert.
Das Zeichenspiel der Liebe wird komplexer, dafür aber auch abwechslungsreicher und spannender.	Beteiligte können genervt sein, wenn sie ständig Liebesnachrichten erhalten. Dabei wird erwartet, dass die oder der andere ständig verfügbar ist.
Die Formen der Liebeskommunikation sind vielfältig: Filmclips, Stimmen, Geräusche, Musikdateien, Experimente mit Texten.	Häufig kommt es zu Eifersucht, wenn einer die Nachricht liest, aber nicht direkt antwortet. Mediale Kommunikation ist vor allem in unsicheren Beziehungen daher ein Stressfaktor.
Produkte der digitalen Liebeskommunikation lassen sich auf Festplatten sammeln.	Dem schnellen Chat fehlen wichtige Elemente des Gesprächs von Angesicht zu Angesicht. Es kann dabei zu Missverständnissen kommen.

b Liebe erfordert heute Medienkompetenz, da innerhalb der digitalen Kommunikation einiges falsch verstanden werden kann. Doch durch die Nutzung des Smartphones bieten sich auch neue, kreative Möglichkeiten an.

4 a Die Forscherinnen sammeln analoge und digitale Liebesbriefe. Sie wollen untersuchen, ob sich die Art, Gefühle auszudrücken, im Laufe der Zeit gewandelt hat.

b Die Forscherinnen rufen dazu auf, Liebesnachrichten zur Erforschung zu übersenden. Diese können als Kopie oder auch als Original geschickt werden. Es ist wichtig, dass der gesamte Brief kopiert wird und dass die Kopie gut lesbar ist. Digitale Nachrichten können per USB-Stick versendet werden. Angaben zu den Brief- und Nachrichtenschreiberinnen und -schreibern sind wünschenswert.

c Mit der Teilnahme an dem Projekt wird die Forschungsarbeit an der Universität unterstützt. Je mehr Material die Forscherinnen erhalten, desto präziser können die Ergebnisse sein und Tendenzen festgestellt werden.

5 hin und wieder persönliche Anrede (ihr) • eher kurze, leicht verständliche Sätze •
sachlicher Stil, aber nicht allzu trocken • Reduktion auf das Wichtigste •
Überleitungen zwischen den Textabschnitten finden • gedankliche Zusammenhänge sprachlich verdeutlichen

6 Siehe Beispiellösung zu Aufgabe 8

7 Individuelle Lösungen

8 Beispiellösung: Die Ausarbeitung geht über das in einer Klausur Mögliche hinaus.

***HDGDL* – Liebeskommunikation im Wandel der Zeit**	**Überschrift**
Briefe, Astlöcher, Online-Singlebörsen: Liebeskommunikation war schon immer kreativ und hat sich verschiedenster Formen bedient. Habt ihr gewusst, dass Damen früher Fächer genutzt haben, um dem Herren ihrer Wahl Signale zu übermitteln? Heute ist es vor allem die digitale Kommunikation, die die Art, wie Verliebte miteinander kommunizieren, beeinflusst.	**Einleitung** Leseransprache Interesse wecken
Gerade die Liebeskommunikation ist für Kommunikationswissenschaftler/-innen ein aktuell besonders spannendes Themenfeld: Durch einen Vergleich von alten und neue Formen der Liebesnachrichten kann die Veränderung der Art und Weise der Kommunikation dargestellt werden.	aktueller Anlass
Ich möchte euch in diesem Beitrag die Geschichte der Liebeskommunikation vorstellen und euch dabei besonders über die digitale Liebeskommunikation informieren.	Thema
Ein Blick zurück in die Geschichte zeigt, dass Liebeskommunikation sich schon immer verschiedenster Medien bedient hat, um die Botschaft an die Frau oder den Mann zu bringen. Der Liebesbrief gehört zu den ältesten Formen und er ist bis heute nicht aus der Mode gekommen. Während des Zweiten Weltkrieges erlangte der Brief eine besondere Bedeutung: Er war für die getrennten Paare das einzige Medium, um Kontakt zueinander zu halten.	**Hauptteil** **Aspekt I: Geschichte** Briefverkehr

Fächersprache

Im 18. Jahrhundert wandten die Damen der höheren Gesellschaftsschichten eine kreative Form – die Fächersprache – an, um ihre Zuneigung zu vermitteln. Auf gesellschaftlichen Ereignissen nutzten sie den Fächer und signalisierten damit den bevorzugten Herren ihr Interesse. Beispielsweise bedeutete ein Gleiten des Fächers über die Wange innerhalb der Fächersprache „Ich liebe dich“.

Kontaktanzeigen

Eine klassische Form, die auch heute noch von Personen, die auf der Suche nach der richtigen Partnerin / dem richtigen Partner genutzt wird, ist die Kontaktanzeige. Die erste Kontaktanzeige wurde 1738 in Deutschland aufgegeben. Wesentlich später, in den 20er Jahren des 20. Jahrhunderts, eröffneten in Berlin die ersten Cafés, in denen Personen mit Telefon und Rohrpost miteinander in Kontakt treten konnten. Scheuten sich Interessierte vor direktem Kontakt, konnten neben einem Telefon-Flirt über ein Rohrpostsystem kleine Geschenke verschickt werden, um mit der oder dem Liebsten anzubandeln.

Rohrpost-Cafés

Gegenwart

Die Entwicklung der digitalen Medien beeinflusste auch wesentlich die Kommunikation unter den Liebenden. So findet heute die Liebeskommunikation hauptsächlich online statt: Messenger, E-Mail, Parship und Tinder sind nur einige Beispiele, mit dessen Liebesnachrichten in vielen verschiedenen, kreativen Formen vermittelt werden. Online-Singlebörsen werben indes mit Testsieger-Emblemen und versprechen mit verlockenden Fotos, die große Liebe zu finden.

Überleitung zu: Aspekt II: Digitale Liebeskommunikation

Die Beliebtheit der Online-Messenger schlägt sich derweil auch in einer Befragung des Marktforschungsinstitutes aus dem Jahr 2016 nieder. Eine Befragung von 1052 Männern und Frauen ergab, dass vor allem WhatsApp mit fast 62 % zur Übermittlung von Liebesbotschaften genutzt wurde. Hier sind es die 18–30-Jährigen, die den Messenger besonders häufig zur Liebeskommunikation wählten. Der klassische Liebesbrief nimmt den 2. Platz bei der Übermittlung von Liebeserklärungen ein: Mit circa 33 % dient dieser noch vor E-Mail, SMS und Videobotschaft als Liebesmedium.

Leseransprache

Trotz der großen Beliebtheit des Online-Messengers birgt diese Form der Kommunikation häufig Probleme innerhalb einer Beziehung. Lasst mich hierfür einige Gründe anführen:

Probleme der digitalen Liebeskommunikation

Da man mit dem Smartphone ständig in Kontakt mit dem Partner/ der Partnerin treten kann, hofft man auf eine schnelle Antwort. Bleibt diese aus, kann es zur Enttäuschung seitens des Absenders kommen. Ein weiteres Problem ist, dass der ständige Austausch einen der Beziehungspartner nerven kann. Die Paartherapeutin Andrea Bräu stellt fest, dass erwartet werde, dass die oder der andere zu jeder Zeit erreichbar sein müsse.

Begründungen für Probleme mit Fachbeiträgen

Ein anderes Problem, welches durch die Online-Kommunikation ansteigt, ist die Eifersucht. Sicher kennt auch ihr es, dass der Kommunikationspartner die Nachricht zwar gelesen hat, jedoch nicht direkt darauf antwortet. Gerade in unsicheren Beziehungen kann das zu Unmut und Misstrauen führen. Ein weiteres Problem seien die fehlenden Elemente des Gesprächs von Angesicht zu Angesicht, so Andrea Bräu. Die Gefahr bestehe darin, dass der onlinebasierten Kommunikation die nonverbalen Zeichen fehlten, womit es vermehrt zu Missverständnissen kommen könne.

Chancen der digitalen Liebeskommunikation

Andere sehen in der digitalen Beziehungskommunikation eine große Chance: „Sie boomt. Sie verwandelt sich“, so der Kulturwissenschaftler Stephan Porombka. Besonders die Vielfalt an Kommunikationskanälen sorgt dafür, dass das Zeichenspiel der Liebe komplexer, abwechslungsreicher und spannender wird. Neue Formen entstehen mit Bildern, Filmclips, Audios, Geräuschen und Musikdateien. Ein Beispiel dafür ist die Bildkommunikation über Instagram: Möchte man dem anderen seine Liebe gestehen, postet man ein gemeinsames Foto und versendet dieses mit passenden Liebes-Hashtags. Neben dem Post selbst ist vor allem die Kommunikation an die restliche Community ein Liebesbeweis, da signalisiert wird: „Seht her, wir beide gehören zusammen“. Trotz aller Kreativität ist Medienkompetenz gefragt. Für den Kulturwissenschaftler Stephan Poromka ist es unerlässlich, über die Liebe zu kommunizieren, „um zu verstehen, was uns miteinander guttut“.

eigenes Beispiel

Voraussetzung für digitale Kommunikation

Überleitung zu Aspekt III: Projekt: Liebeskommunikation

Neben Stephan Porombka beschäftigen sich auch die Wissenschaftlerinnen der Universitäten Koblenz, Darmstadt und Mainz mit der Liebeskommunikation. Ihr Projekt möchte ich euch abschließend vorstellen: Die Forscherinnen sammeln analoge und digitale Liebesbriefe, um den Wandel der Liebeskommunikation zu untersuchen. Wenn ihr wollt, könnt auch ihr euren persönlichen Beitrag hierzu leisten, indem ihr den Wissenschaftlerinnen eure Liebesbotschaften zu Forschungszwecken zur Verfügung stellt. Ihr würdet das Liebesbrief-Team mit eurer Einsendung sehr unterstützen. Wenn ihr Interesse habt, könnt ihr eure gut leserlichen Liebesnachrichten an die Universität Koblenz-Landau, z. H. Prof. Dr. Eva L. Wyss, Universitätsstr. 1, in 56070 Koblenz, senden.

Vorgehen der Forscherinnen

Begründung für Teilnahme

Zum Schluss lässt sich festhalten, dass die Liebe sich immer wieder neue Wege der Kommunikation suchen wird. Unter anderem sorgen technische Neuerungen und die Entwicklung digitaler

Medien für einen kreativen und vielfältigen Austausch. Ein Verzicht auf die Online-Kommunikation vor dem Hintergrund der Probleme ist sicherlich kein Garant für eine glückliche Beziehung. Viel wichtiger ist, Nachrichten möglichst reflektiert zu verfassen und sich dabei auch öfter in sein Gegenüber hineinzuversetzen. Wenn ihr euch mal unsicher seid oder ihr ein komisches Gefühl während des Schreibens habt, sprecht am besten persönlich mit eurer Partnerin oder eurem Partner über diese Unsicherheit. Häufig ist es auch hilfreich, feste Regeln für die Online-Kommunikation aufzustellen. Denn streiten solltet ihr euch per Messenger auf gar keinen Fall.

9/10 Siehe Lösung Aufgabe 8

2.5 Fünfter Schritt: Den eigenen Text überarbeiten → S. 25

1 a Zutreffend sind: a, b, d, e und f.
b Individuelle Lösung

2/3 Individuelle Lösungen

3 Materialgestütztes Verfassen eines informierenden argumentativen Textes

3.1 Erster Schritt: Die Aufgabenstellung verstehen → S. 30

1 a **Anlass und Ziel:** Brisanz des Themas in den Medien und mögliche Abfrage, ob vor diesem Hintergrund an der Schule ein Medientag zum Thema „Online-Recherche und Filterblasen" durchgeführt werden soll
Thema des Textes: Erklärung der Filterblase, ihrer möglichen Gefahr und Gegenmaßnahmen
Textsorte: Artikel in der Schülerzeitung
Adressaten: Mitschülerinnen und Mitschüler

2 In den vorwiegend informierenden Teil des Textes gehören die Ausführungen zur Theorie der Filterblase, der Kritik daran, mögliche Gefahren von Filterblasen und Gegenmaßnahmen.
In den vorwiegend argumentierenden Teil gehören Argumente und Beispiele für die Durchführung eines Medientages.

3 Mögliche Lösungen:
a
- Verunsicherung, weil die Mitschülerinnen und Mitschüler wenig Kenntnisse über Filterblasen haben
- Angst, da sie sich vielleicht selbst auch in einer Filterblase befinden
- Abneigung, da sie die Theorie für unsinnig halten
- bisher gar keine Bedeutung, weil sie noch gar nicht über ihr Handeln im Internet nachgedacht haben

b Die Schülerinnen und Schüler könnten durch einen Medientag erfahren, welche Risiken bei Online-Recherchen auftreten können. Das Seminar könnte eine gute Gelegenheit sein, zu lernen, wie man richtig im Internet recherchiert. Durch ein Seminar könnte verhindert werden, sich nur einseitig im Internet zu informieren. Das Kennenlernen sozialer Medien befähigt zum richtigen Umgang damit.

3.2 Zweiter Schritt: Erstes Textverständnis und Ideen formulieren → S. 31

1 Mögliche Einträge:
Filterblase: Filter/filtern/Vorauswahl/Selektion/Blase/Isolation/Abschottung/unzureichende Informationen
Online-Recherche: Gefahren/einseitiges Informieren/falsche Informationen/souveräne Informationen
Informationsmedien: soziale Netzwerke/Online-Zeitungen/Blogs/YouTube/googeln
eigenes Informationsverhalten: abwechslungsreich/einseitig/per Smartphone/Zeitung/TV/Radio

2 Informationen zur Theorie der Filterblase und mögliche Gefahren: M1a, M1b, teilweise M5a
Kritik an der Theorie: M2, M3, M4
Gegenmaßnahmen: M5a, M5b, M6
Gründe für die Durchführung eines Medientages: M6

3.3 Dritter Schritt: Die Materialien gezielt lesen → S. 32–34

1 Individuelle Lösungen

2 **M1a:** Theorie aus dem Jahr 2011 von Eli Pariser / auf einen selbst zugeschnittene Informationen werden angezeigt / häufig auf Dauer in seinen eigenen Vorstellungen bestätigt / durch Einseitigkeit kaum noch zufällige Begegnungen und andere Einsichten zu Themen
M1b: oftmals auf Positionen treffen, die in der eigenen Meinung bestärken / abweichende Meinungen werden ausgeblendet / Selbstspiegelung und -bejahung / Menschen bekommen nur noch Nachrichten vorgesetzt, die Algorithmen errechnen / ihr Weltbild wird bestätigt
M5a: Filter sind notwendig: Menge relevanter Informationen wächst / ohne Filter: Überforderung / Algorithmen treffen Vorauswahl

3 a Das Diagramm zu den Nachrichtenquellen der Deutschen stellt dar, dass die Menschen sich mehrheitlich über das Fernsehen (72 %) und das Radio (46 %) informieren. Die sozialen Netzwerke werden zu 31 % zum Informieren genutzt. 29 % beziehen aus den gedruckten Zeitungen ihre Informationen, gefolgt von Online-Medien wie Zeitungen (21 %) und TV-/Radionachrichten (20 %).
b Die Aussage des Diagramms bestätigt die Kritik an der Filterblase von Bernhard Pörksen (M3). Die Menschen nutzen vielfältige Informationsmedien und beschränken sich nicht nur auf einen Kanal.

4 a Der Comic thematisiert die Kritik und die Ignoranz gegenüber Filterblasen.
b Der Cartoon verdeutlicht, dass man innerhalb sozialer Netzwerke die Möglichkeit hat, Freund/-innen und damit andere Meinungen zu löschen.
c Der Cartoon illustriert die Theorie der Filterblase aus Material M3, die ebenfalls die Nutzer/-innen selbst und nicht die Algorithmen für die Filterblase verantwortlich macht.

5

	Argumente gegen die Theorie der Filterblase	Beispiel
1	Die Idee der Filterblase widerspricht der alltäglichen Erfahrung.	Das Wesen des Netzes ist die Verlinkung. Jeder Link konfrontiert einen mit einer anderen Wirklichkeit.
2	Das Internet ist Ort der lockeren Verbindungen *(weak ties)*.	Die Wahrscheinlichkeit, mit anderen Meinungen konfrontiert zu werden, steigt in Netzwerken mit lockeren Verbindungen rasant an.
3	Die Theorie widerspricht inzwischen publizierten empirischen Studien.	Menschen wählen vielfältiger Informationen aus, obwohl ihnen personalisierte Informationen zur Verfügung gestellt werden.
4	Das, was Filterblase genannt wird, ist immer ein Symptom unseres Informationsverhaltens.	Menschen sind bestätigungssüchtige Wesen. Sie suchen, lesen und verbreiten, wovon sie ohnehin überzeugt sind und woran sie unbedingt glauben wollen.

6

	Gruppe	Maßnahmen
1	Nutzer/-innen	– Nutzer/-innen sollten sich nicht vor Algorithmen oder Netzwerken wie Facebook fürchten. – Sie sollten versuchen, grundsätzliche Mechanismen und Kriterien von Algorithmen zu verstehen, d.h., sie sollen nachvollziehen, dass jeder Like ein Signal ist, zukünftig entsprechende Themen zu erhalten.
2	Medien	– Medien sollen Nutzer/-innen über Algorithmen aufklären, ohne Panik zu verbreiten. – Journalist/-innen dürfen sich nicht selbst in Filterblasen verstricken, indem sie auch die Meinungen der Einwohner, die beispielsweise auf dem Land wohnen, vernachlässigen, da sich die Zeitungsredaktionen in den Städten befinden.
3	Facebook	– Facebook, aber auch andere Online-Plattformen sollten Nutzer/-innen besser erklären, wie der Newsfeed funktioniert und nach welchen Kriterien Algorithmen entscheiden, damit Nutzer/-innen auch Einfluss auf die Software nehmen können.

7 Mögliche Lösungen:
Argument 1: Ein Medientag bietet einen Überblick, wie verschiedene Kanäle für die Recherche genutzt werden können.
Beispiel: Die Vielfalt der Kanäle von Google, Twitter und weiteren Informationskanälen wird verdeutlicht.
Argument 2: Viele politische Themen werden über soziale Netzwerke verbreitet.
Beispiel: So kann erlernt werden, wie man sich mithilfe von sozialen Medien über politische Themen informiert.
Argument 3: Man erfährt, wie man Beiträge in sozialen Netzwerken überprüft (Quellencheck).

Beispiel: So können Falschmeldungen, die einen lenken könnten, erkannt werden.
Argument 4: Die Regeln der Kommunikation in sozialen Netzwerken werden dargestellt.
Beispiel: Der richtige Umgangston in sozialen Netzwerken hilft bei der Erschließung von Nachrichten.

3.4 Vierter Schritt: Den Schreibplan erstellen und schreiben

→ S. 35/36

1 **a** Einteilung des Hauptteils in vier Abschnitte (4 Aspekte)
b Einleitung
- Interesse wecken
- Anlass des Beitrags
- Thema bzw. Absicht des Beitrags

Hauptteil (vier Aspekte, s. Lösung zu Aufgabe 1b auf S. 30)
- Die Theorie der Filterblase
- Kritik an der Theorie der Filterblase
- Beispiele für Gegenmaßnahmen
- Argumente für die Teilnahme an einem Medientag zum Thema „Online-Recherche"

Schluss
- abschließende Empfehlung oder Appell

2 **a–d** Beispiellösung: Die Ausarbeitung geht über das in einer Klausur Mögliche hinaus.

Gefangen in der Blase – Einseitige Meinungsbildung im Netz (?) — **Überschrift**

Einleitung / Interesse wecken / Thema

Im Rahmen der Projekttage „Digitale Medien und ihr Einfluss auf die Kommunikation" haben wir uns mit der Theorie der Filterblase beschäftigt. Ist euch auch schon aufgefallen, dass euch bei Instagram unter der Option „Suche" immer die gleichen Personen vorgeschlagen werden? Wenn ja, befindet ihr euch zumindest in diesem sozialen Netzwerk bereits in einer Art Blase.

Anlass

Sicher fragt ihr euch, was mit dem Begriff „Filterblase" überhaupt gemeint ist. Bevor ihr euch jetzt Sorgen macht, kann ich euch beruhigen. Die Theorie der Filterblase ist umstritten und wird in vielerlei Hinsicht kritisiert. Im Folgenden stelle ich die Theorie vor und erläutere, inwieweit Filterblasen eine Gefahr sein können und was dagegen getan werden kann. Abschließend begründe ich vor dem Hintergrund unserer Recherche, warum ein Medientag zum Thema „Online-Recherche und Filterblasen" an unserer Schule sinnvoll ist.

Aspekt I: Theorie der Filterblase

Die Theorie der Filterblase stammt aus dem Jahr 2011 und geht auf den Internetaktivisten Eli Pariser zurück. Dieser machte darauf aufmerksam, dass im Internet die Informationen auf die Nutzer/-innen zugeschnitten sind und sie dadurch beeinflusst werden. Das Wort „Filterblase" stellt das Phänomen gut dar: Schaut man sich die mechanische Funktion eines Filters an, weiß man, dass dieser nur für bestimmte Bestandteile durchlässig ist. Ähnlich funktioniert der Filter im Internet: Algorithmen errechnen laut Pariser die Interessen und Meinungen der Nutzer/-innen. Diese erhalten vermehrt für sie passende Informationen. Unpassendes wird „ausgefiltert".

Gefahren und Risiken

Natürlich sind Filter in gewisser Weise notwendig, da die Menge an Informationen im Internet unüberschaubar ist. Doch eine Vorauswahl birgt Gefahren, wenn nur ausgewählte Texte zur Bestätigung der eigenen Meinung die Nutzer/-innen erreichen. So kann es zu einer Verfestigung der eigenen Meinungen kommen und abweichende Meinungen werden ausgeblendet.
Die Folgen des Filterns werden durch den zweiten Wortbestandteil „Blase" verdeutlich: Die Einseitigkeit an Informationen verhindert den Austausch mit anderen Personen und Meinungen. Man ist, ähnlich wie in einer Blase, von abweichenden Ansichten anderer Personen isoliert und verliert ihnen gegenüber letztendlich an Verständnis, da nur die eigene, einseitige Weltsicht die wahre zu sein scheint. Durch die Abnahme an zufälligen Begegnungen verlernen wir nach Pariser zudem das Gewinnen neuer Einsichten.

Aspekt II: Kritik an der Theorie der Filterblase

Die Zeitungen titeln „Gefangen in der Filterblase" oder „Raus aus der Filterblase". Neuesten Erkenntnissen zufolge ist es jedoch fraglich, ob Menschen tatsächlich algorithmisch voneinander getrennt werden und man sich nur noch in einer Blase der Selbstbestätigung befindet.

Argumente und Beispiele gegen die Theorie der Filterblase

Der Medienwissenschaftler Bernhard Pörksen äußert sich aus mehreren Gründen skeptisch gegenüber der Theorie von Pariser: Die alltäglichen Erfahrungen würden zeigen, dass Nutzer/-innen zwangsläufig mit anderen Meinungen konfrontiert werden, sobald sie im Internet surfen. Durch die zahlreichen Verlinkungen könne überall geklickt und Neues entdeckt werden. Die Anzahl an Links ist dabei so hoch, dass es automatisch zur Konfrontation mit fremden Ansichten kommt. Ein weiterer Einwand, der gegen die Theorie der Filterblase spricht, so Pörksen, ergäbe sich aus der Anzahl lockerer Verbindungen in sozialen Netzwerken. Sicher habt ihr auch zahlreiche „Freunde" in eurer Liste, bei denen es sich lediglich um lockere Bekanntschaften handelt. Die Wahrscheinlichkeit, dass diese andere Meinungen als ihr vertreten, ist sehr hoch, wodurch auch Begegnungen mit fremden Ansichten in solchen Medien rasant ansteigen. Pörksen verweist auf publizierte empirische Studien, die der Theorie der Filterblase widersprächen. Die Informationsauswahl sei zu vielfältig, um sich auf Dauer von anderen Meinungen abzuschotten.

Datenerhebungen belegen Kritikpunkte

Das bestätigt auch eine Befragung des *Reuters Insitute for the Study of Journalism* aus dem Jahr 2016, in der 2035 Internetnutzer/-innen nach ihren Nachrichtenquellen befragt wurden. Demnach informieren sich 72 % über Fernsehnachrichten, gefolgt von 46 %, die sich mit dem Radio informieren. Weniger als ein Drittel (31 %) informieren sich über soziale Netzwerke.

Filterblasen entstehen aktiv

Das, was Filterblase genannt wird, ist meist unterbewusst und von uns selbst gesteuert. Beispielsweise ist es meine Entscheidung und somit ein aktiver Vorgang, wenn ich Personen, die meinen Vorstellungen nicht entsprechen, aus meiner Freundesliste lösche. Menschen suchen nach Bestätigung, so lesen und verbreiten sie das, wovon sie selbst überzeugt sind und woran sie glauben.

Aspekt III: Gegenmaßnahmen

Filterblasen können entstehen, wenn sich Menschen nur noch unter Gleichgesinnten aufhalten und in den sozialen Netzwerken nur Seiten abonnieren, die die eigene Weltsicht widerspiegeln. Um dies zu verhindern, ist es wichtig, dass Nutzer/-innen die Angst vor Algorithmen ablegen und stattdessen die Funktionsweise von Netzwerken wie beispielsweise Facebook verstehen. Denn jeder Klick in einem sozialen Netzwerk ist ein Signal für Relevanz. Es sind aber nicht nur die Nutzer/-innen, die Verantwortung tragen, sondern auch die Medien selbst. Sie sollen aufklären, ohne Panik zu verbreiten. Auch die vielen Journalist/-innen sollten sich nicht in Filterblasen verstricken, indem sie beispielsweise die Meinung von Einwohnern, die auf dem Lande leben, vernachlässigen, da sie selbst nur in großen Städten unterwegs sind. Soziale Netzwerke wie Facebook haben ebenfalls eine Verantwortung und sollten den Nutzer/-innen erklären, wie der Newsfeed (Nachrichtenstrom) funktioniert und nach welchen Kriterien Algorithmen entscheiden, damit sie selbst Einfluss auf die Software nehmen können.

Aspekt IV: Begründung für einen Medientag

Argument 1
Beispiel 1
Argument 2
Beispiel 2
Argument 3
Beispiel 3

Wir können uns vor einer einseitigen Meinungsbildung schützen und unser Rechercheverhalten im Internet reflektieren. Notwendig dafür ist das Wissen darum. Deshalb schlagen wir vor, einen Medientag zur Online-Recherche an unserer Schule zu veranstalten. Mit einem Überblick über die verschiedenen Informationskanäle lernt man, welche Kanäle wie informieren. Neben sozialen Netzwerken werden weitere Kanäle für eine umfassende Recherche vorgestellt. Viele politische Themen werden über soziale Netzwerke verbreitet. Der souveräne Umgang mit sozialen Netzwerken könnte bei der Recherche und der Einschätzung der Informationen helfen. Häufig tauchen gerade in sozialen Netzwerken Fake News auf. Auch hierzu liefert der Medientag hilfreiche Tipps, wie diese Falschmeldungen erkannt werden können. Hierin inbegriffen ist ein Foto-Quellencheck, bei dem man mithilfe verschiedener Methoden falsche Nachrichten erkennen kann. Wichtig ist es ebenfalls, die Regeln der Kommunikation in den sozialen Netzwerken zu kennen, auch das hilft bei der Erschließung von Nachrichten.

Schluss

Fazit

Der ausschließliche Nachrichtenkonsum über das Internet birgt Gefahren. Daher ist wichtig, soziale Netzwerke richtig zu nutzen und sich der Funktionsweise bewusst zu sein. Informationen zu prüfen, zu hinterfragen, mehrere Informationsquellen und Meinungen zurate zu ziehen, das sind gute Möglichkeiten, um nicht in einer Filterblase zu landen.

Appell

Warum sich nicht erst einmal bewusst einer anderen Meinung zuwenden, um diese mit seinen eigenen Vorstellungen abzugleichen? Dies muss ja nicht immer im Internet stattfinden. So könnte auch der Medientag ein guter Anlass sein, miteinander ins Gespräch zu kommen.

3.5 Fünfter Schritt: Den eigenen Text überarbeiten

→ S. 37

1 Zutreffend sind: a, b, c und f.

2/3 Individuelle Lösungen

Autoren- und Quellenverzeichnis

S. 8: WhatsApp, Facebook: So beeinflussen soziale Medien die deutsche Sprache, Kira Urschinger, SWR3-online: https://www.swr3.de/aktuell/WhatsApp-Facebook-So-beeinflussen-soziale-Medien-die-deutsche-Sprache/-/id=4382120/did=5032834/1an4zdd/index.html (Auszug)
Rechtschreibrat-Chef: Twitter und SMS schaden der Sprache von Nico Pointner, © dpa, 21.12.2012 (Auszug)
S. 10: https://www.dw.com/de/warum-wir-die-kommentarfunktion-abschalten/a-45017804 (Auszug)
S. 12: „Twitter macht Demokratie transparent!" von Dorothee Bär, https://www.zeit.de/politik/deutschland/2011-07/politiker-twittern-baer-jarzombek
Twittereintrag von Heiko Maas vom 20.09.2019, https://twitter.com/HeikoMaas/status/1174963906734772225
S. 14: Immer auf Empfang – Warum der Handy-Chat der Liebe nicht nur guttut von Eva Dignös, © dpa, 22.01.2016 (Auszug)
S. 15: Botschaften des Herzens: Liebesbriefe als Lebenselixier der Liebe von Britta Gürke, © dpa, 15.06.2007 (gekürzt und verändert)
S. 17: „Liebe erfordert heute Medienkompetenz" von Stephan Porombka, Tagesspiegel vom 19.9.2017, https://causa.tagesspiegel.de/gesellschaft/wie-veraendert-sich-die-liebe-in-digitalen-zeiten/liebe-erfordert-heute-medienkompetenz.html
Forschungsprojekt: Liebesbriefe im Wandel, https://www.uni-koblenz-landau.de/de/koblenz/fb2/inst-germanistik/pro/liebesbriefe (aus didaktischen Gründen gekürzt)
S. 26: Die Filterblase im Kopf von Joachim Retzbach, Spektrum Wissenschaft-Online, https://www.spektrum.de/magazin/filterblasen-algorithmen-sind-nicht-das-problem/1597144 (Auszug)
Tin Fischer: „Algorithmen: Filterblase?", DIE ZEIT 34/2017, https://www.zeit.de/2017/34/algorithmen-filterblase-meinungen-selbstbetrug (Auszug)
S. 27: Bernhard Pörksen: „Die Theorie der Filterblasen ist nicht länger haltbar – Wir leiden bereits unter dem Filter-Clash", NZZ vom 12.7.18, www.nzz.ch/feuilleton/die-theorie-der-filterblasen-ist-nicht-laenger-haltbar-denn-wir-leiden-bereits-unter-dem-filter-clash-ld.1402553 (Auszug)
S. 28: „Filterblase? Selbst schuld!", Simon Hurtz und Hakan Tanriverdi, SZ vom 02.05.2019, https://www.sueddeutsche.de/digital/facebook-filterblase-selbst-schuld-1.3479639 (Auszug)
S. 29: Tin Fischer: „Wir Zwerge unter Datenriesen", NZZ vom 11.2.17, www.nzz.ch/feuilleton/filterblasen-und-aufgeblasene-thesen-wir-zwerge-unter-datenriesen-ld.144971 (Auszug)
Seminar zur Online-Recherche, https://www.ard-zdf-medienakademie.de/mak/seminare/51234 (aus didaktischen Gründen gekürzt)

Bildquellenverzeichnis

S. 5: © kunstsam.de; **S. 7:** stock.adobe.com / PhotoSG (Burger); **S. 7, 8:** Shutterstock.com / flower travelin' man (Emoticons), **S. 9:** Statista.com (Infografik); **S. 11:** von links oben nach rechts unten: 1) Shutterstock.com / flower travelin' man; 2) Shutterstock.com / Nejron Photo; 3) Shutterstock.com / flower travelin' man; 4) stock.adobe.com / Sebastian Kaulitzki; 5) Shutterstock.com / InnervisionArt; 6) Shutterstock.com / flower travelin' man; 7) stock.adobe.com / ©2013 Holly Kuchera / Rohan, **S. 12 mi.:** Shutterstock.com/tanuha2001; **S. 12. u.:** © 2016 Twitter, Heiko Maas; **S. 13:** Shutterstock.com / Mega Pixel (Buch); **S. 16:** © Parship Group / Benno Kraehahn; **S. 27:** Statista.com (Infografik); **S. 28:** Michael Holtschulte, www.totaberlustig.de

Redaktion: Grit Ellen Sellin
Illustration: Ulrike Selders (S. 10, 13)
Umschlaggestaltung: Studio SYBERG, Berlin (Foto: stock.adobe/Gina Sanders)
Layout und technische Umsetzung: zweiband.media, Berlin

www.cornelsen.de

Dieses Werk berücksichtigt die Regeln der reformierten Rechtschreibung und Zeichensetzung.

1. Auflage, 1. Druck 2020

Druck: Athesiadruck GmbH

ISBN 978-3-06-200299-1

PEFC
PEFC/18-31-166

PEFC zertifiziert
Dieses Produkt stammt aus nachhaltig bewirtschafteten Wäldern und kontrollierten Quellen.
www.pefc.de